LA PRESCRIPCIÓN
DE DIOS

para la SANIDAD
y la PLENITUD

DR. JAMES P. GILLS

CASA
CREACIÓN

La mayoría de los productos de Casa Creación están disponibles a un precio con descuento en cantidades de mayoreo para promociones de ventas, ofertas especiales, levantar fondos y atender necesidades educativas. Para más información, escriba a Casa Creación, 600 Rinehart Road, Lake Mary, Florida, 32746; o llame al teléfono (407) 333-7117 en Estados Unidos.

La prescripción de Dios para la sanidad y la plenitud
por Dr. James P. Gills
Publicado por Casa Creación
Una compañía de Charisma Media
600 Rinehart Road
Lake Mary, Florida 32746
www.casacreacion.com

A menos que se indique lo contrario, el texto bíblico ha sido tomado de la versión Reina-Valera © 1960 Sociedades Bíblicas en América Latina; © renovado 1988 Sociedades Bíblicas Unidas. Utilizado con permiso. Reina-Valera 1960® es una marca registrada de la American Bible Society, y puede ser usada solamente bajo licencia.

El texto bíblico marcado (NVI) ha sido tomado de la Santa Biblia, Nueva Versión Internacional ® NVI ® Copyright © 1986, 1999, 2015 por Bíblica, Inc.® Usada con permiso. Todos los derechos reservados mundialmente.

Las citas bíblicas marcadas con (NBLH) han sido tomadas de la *Nueva Biblia Latinoamericana de Hoy*, Copyright © 2005 by The Lockman Foundation, La Habra, California.

Las citas bíblicas marcadas con (JBS) han sido tomadas de *Jubilee Bible 2000 (Spanish)* Copyright © 2000, 2001, 2012 por LIFE SENTENCE Publishing.

Traducido por: pica6.com (con la colaboración de Salvador Eguiarte D.G.)
Diseño de la portada: Justin Evans
Director de Diseño: Justin Evans

Originally published in the U.S.A. under the title: *God's Rx for Health and Wholeness*
Published by Charisma House, A Charisma Media Company, Lake Mary, FL 32746 USA
Copyright © 2019

CONTENIDO

PREFACIO

Grande es Jehová, y digno de suprema alabanza; y su grandeza es inescrutable.

SALMOS 145:3

¿HA CONTEMPLADO EL misterio de una mariposa que se seca con ternura las alas bajo un rayo de sol matutino antes de irse a danzar con la brisa? ¿Se ha maravillado con el idioma —o será risa— de los delfines? ¿Con cuanta frecuencia se ha tomado el tiempo de disfrutar y apreciar el espectáculo del surgimiento de una luna llena? ¿Es capaz de comprender a plenitud las edades, tamaños y distancias de las galaxias de estrellas en un cosmos interminable? ¿Y qué puede concluir de la gloriosa melodía que aprende un gorrión de sus padres o el deseo de agradar a su dueño de una mascota canina? Toda la naturaleza creada—todo el universo— señala la presencia de una Inteligencia en su formación y función. No obstante, en ninguna parte es más visible la huella dactilar de un Creador que sobre la vida humana; su vida.

En este libro usted descubrirá que el principio y el fin de su sanidad —la verdad de la prescripción de Dios— ha sido planificado y diseñado con antelación. Estaba presente antes de que usted fuera formado. Este es el gran e insondable milagro de la vida: ¡toda la sabiduría que el Creador necesita para crear y preservar a toda la humanidad ya está dentro de usted! En el diseño de mecanismos intrincados y delicados —desde las interacciones moleculares al trabajo concertado de los órganos— el ojo abierto a lo espiritual ve la evidencia del plan del Diseñador para pasar la eternidad con Él, así como para tener vida y sanidad ahora.

En esencia, el mensaje de toda la Biblia es que la humanidad fue creada para disfrutar de reposo divino. No fue creada solo con necesidad de reposo físico, sino para un reposo ordenado por lo divino que genera en nosotros armonía de espíritu, alma y cuerpo. Este bienestar sobrenatural para el que Dios diseñó a la humanidad se enseña a lo largo de toda la Biblia. Está disponible solamente para los que buscan a Dios, se someten a sus caminos y reposan en su redención. Dios habló a su pueblo acerca de su provisión de reposo divino por medio del profeta Isaías.

> Este es el reposo; dad reposo al cansado; y este es el refrigerio; mas no quisieron oír.
>
> — Isaías 28:12

Usted fue creado para vivir en una relación íntima con Dios Padre, Dios Hijo y Dios Espíritu Santo. Recibir el perdón que está disponible para cada alma que viene a Cristo en fe es la única manera verdadera de acallar la inquietud de nuestra humanidad. La paz de Dios, que proviene de aceptar este perdón, transformará su corazón y mente de modo que pueda ser restaurado a una vida de reposar en su redención.

Quizá podamos comprender mejor el concepto de reposar en su redención por medio de una historia de mi amigo Jamie Buckingham quien acababa de pasar por un grave ataque de cáncer. Un día caminábamos por la playa, y noté que estaba más callado de lo normal. Supuse que no se sentía bien a causa de los tratamientos y le pregunté si se encontraba bien. Jamie respondió:

—Nunca he estado mejor. Y mi relación con mi esposa es mejor que nunca.

—Pero acabas de pasar por una importante crisis de salud.

Sería perfectamente normal batallar en este momento —señalé—. ¿Cómo puede ser que la vida esté tan bien como dices?

—Porque he llegado al lugar donde solo somos Jamie y Jesús —respondió—. Solo Jamie y Jesús.

Esa es la imagen de un creyente que ha rendido su vida por completo a Cristo y reposa en la redención. Cuando es solo usted y Dios, las ruidosas distracciones de la vida se desvanecen a medida que sus verdaderas prioridades se vuelven claras como el cristal. Deja de desperdiciar el tiempo con las apariencias y se enfoca en lo que en realidad importa. Vive una auténtica vida cristiana en lugar de representar el papel de un cristiano y cumplir con reglas externas. Se convierte en un reflejo verdadero de nuestro Señor. Como resultado usted experimenta una paz que nunca habría conocido antes, y su corazón encarecidamente hace eco de las palabras del compositor de himnos, Horatio Spafford: «Estoy bien con mi Dios».

Lamentablemente, esa no ha sido la experiencia diaria de muchos cristianos. Es porque no han entendido o no han aprovechado el verdadero reposo que está disponible para el creyente en Cristo. Hacer de una relación genuina con Dios su primera prioridad en la vida y entrar en íntima comunión con Él es una travesía, pero no todos los creyentes han hecho de esta jornada el enfoque diario de sus vidas.

El amor de Dios es el punto inicial para nuestro amor y aprecio por los demás. Es el punto de sanidad. Tenemos que recibir su amor antes de que podamos mostrarle aprecio a los demás y compartir el amor de Dios con ellos. Es en su amor que podemos ser restaurados a la salud y plenitud en cada aspecto de nuestra vida.

Si desea experimentar la verdadera salud y la plenitud, lo invito a abrir su corazón y su mente al reposo, la paz y el gozo sorprendentes de Dios, los cuales se encuentran en la comunión con Él. A medida que viaje hacia la verdad del maravilloso misterio del amor de Dios por usted, podría parecer demasiado bueno para ser verdad. Eso es porque el amor de Dios es distinto a cualquier cosa que este mundo ofrezca. Ya no le satisfarán placeres o afectos menores y temporales una vez que pruebe con mayor profundidad la maravilla divina de reposar en su redención.

Los hechos de nuestra creación son inimaginablemente profundos. Hay abundantes pruebas científicas de la infinita inteligencia entretejida físicamente en el cigoto, que determina el individuo que cada uno llegaremos a ser. ¿Cómo es que podemos no vivir en asombro, maravilla, aprecio y adoración? Dentro de nuestras moléculas está el registro y testimonio del gran cuidado del Creador por cada persona nacida. Este profundo entendimiento del amor de Dios por nosotros es donde reside *La prescripción de Dios para la sanidad y la plenitud*.

— Dr. James P. Gills

INTRODUCCIÓN

*Una teoría es más impresionante entre mayor
sea la simplicidad de sus premisas, se relacione con muchos tipos diferentes de cosas y
sea más extendida su área de aplicación.*

ALBERT EINSTEIN

L A COMPLEJIDAD INDESCRIPTIBLE en todo lo que nos rodea
indica un diseño infinito y misterioso para la vida. Esta
complejidad se encuentra en lo increíblemente inmenso y lo
inimaginablemente diminuto. Podemos verla en las distantes
constelaciones, en los patrones climáticos de la Tierra, en la
memoria de un elefante y en la habilidad de una hormiga
para encontrar alimento. Pero en ninguna otra parte es más
evidente que en el cuerpo humano.

Hemos sido creados como seres *físicos, mentales* y *espirituales*
con un diseño maravilloso. Toda la vida, sin importar la enfermedad
y la sanidad puede ser concebida en nosotros como una reacción a
una lesión, la cual debe ser al mismo tiempo apropiada y equilibrada.
Esto es cierto tanto para la enfermedad física como para el trauma
mental o para un espíritu perdido y confundido. La grandeza del
diseño original de Dios —su diseño para usted— revela su propósito
de salud y plenitud, como se aprecia en el nivel celular, donde a cada
célula se le asigna su tarea particular para ese fin.

Cuando nos cortamos un dedo, por ejemplo, hay una respuesta celular inmensamente compleja para reparar la zona de la lesión. Por medio de una elaborada cascada de reacciones, se envían y reciben mensajes proteínicos. Se estrechan los vasos sanguíneos de manera correspondiente, se construyen costras protectoras y comienza la duplicación de células para la regeneración de nueva carne. Todo esto involucra miles y miles de reacciones individuales entre los billones de átomos que componen las células alrededor del sitio de la herida. Es un proceso de complejidad, misterio y maestría insondables. Y lo mismo es cierto para las reacciones del cuerpo a los tumores, discos herniados, huesos fracturados y cataratas. Los cuerpos que habitamos para nuestra breve vida en la Tierra indudablemente contienen impecable sabiduría y propósito.

Más que en cualquier otra era, la ciencia ha hecho evidente esta verdad. Los avances en bioquímica, biología molecular y medicina han mostrado que la complejidad de nuestro propio diseño va mucho más allá de nuestra total comprensión y se encuentra por completo más allá de cualquier imitación. Está de modo incondicional más allá de un proceso aislado de la teoría de la evolución. Solo podría derivar de una fuente inteligente, de un Diseñador inteligente. El diseño inteligente es revelado por la ciencia en los planetas más lejanos, así como en los detalles intracelulares. Las observaciones de la ciencia humana, todas, apuntan al Diseñador, Creador y Padre. Estas pruebas visibles nos recuerdan de nuestra necesidad de agradecerle. Lo triste es que somos ignorantes y desagradecidos con Él casi de manera universal por la maravilla que es nuestra creación.

LA NECESIDAD DE COMPRENSIÓN Y APRECIO

Muchos de nosotros tenemos una gran falla dentro nuestro: damos las cosas preciosas por sentadas —el universo y las especies que viven en el planeta, así como nuestro cuerpo, salud y bienestar— hasta que sufrimos su carencia o pérdida. No obstante, cuando perdemos algo importante, nos volvemos conscientes de una manera aguda de lo que antes teníamos. Es entonces que comenzamos a buscar respuestas para tratar de encontrarle sentido a ese sufrimiento que soportamos a causa de la pérdida de algo precioso en nuestra vida. En tales situaciones, emerge este principio profundo: quizá nunca despertaríamos a la inteligencia del Creador en su creación a menos de que también experimentáramos un poco de sufrimiento. *Escuela* 21'-23'

El quebranto, físico o de otra índole, no es una condición sencilla que se pueda curar con píldoras; por lo menos no con frecuencia. Usted ya lo sabe si algo le aqueja. Las emociones y las reacciones —los efectos— que acompañan el sufrimiento son tan numerosos como las posibles enfermedades mismas. Esto hace que la experiencia de cada persona, su experiencia, con la enfermedad sea única.

Debemos aprender a reconocer la belleza de nuestro diseño. Deberíamos poder identificar la inteligencia presente en nuestro diseño y llenarnos de maravilla por nuestra propia existencia. ¿Por qué miramos sin ver y aceptamos sin aquilatar? Incluso el funcionamiento normal de nuestro cuerpo debería llenarnos de un sentir de asombro y aprecio por la inteligencia detrás de todo ello. A medida que exploramos el milagro de nuestro diseño —y cuestionamos el significado de nuestro sufrimiento— reconocemos la belleza de nuestra creación y la del Diseñador maestro detrás de todo.

Cuando su cuerpo sufre por el dolor y la limitación de la enfermedad, ¿recurre a su Diseñador para recibir sus soluciones divinas? ¿O busca respuestas a través de un amplio flujo de influencias naturales en competencia y soluciones aparentes? Quizá recurre a artículos de revista o sitios web, por ejemplo. O se inclina hacia el consejo de amigos o a las atenciones de los médicos. Quizá lee libros completos sobre nutrición y ejercicio. Es probable que haya explorado una larga y creciente cantidad de terapias y técnicas alternativas (complementarias) disponibles para sanar. Algunas de estas alternativas son útiles, algunas no tienen remedio y otras son dañinas.

Es al recurrir a su Diseñador y su provisión para su redención y sanidad en Cristo que usted recibirá verdadera dirección divina. Esa dirección es el elemento necesario para tomar decisiones apropiadas con respecto a su salud. Su búsqueda de respuestas debería comenzar con buscar conocer la inteligencia del Creador revelada en su amoroso cuidado por usted. Mientras busque conocerlo por medio de una relación cercana, Él lo guiará al sendero de sanidad que sea adecuado para usted. Es en la oración y la comunión con Él en su experiencia de enfermedad que verá con claridad su senda a la sanidad. Recurrir al Señor para su dirección y buscar comprender su propósito para usted lo llevará a la salud y la plenitud que Él quiere para usted. Mediante esa búsqueda humilde de Dios, muchos podrán ser ayudados, levantados y sanados.

Un análisis científico minucioso de los asuntos involucrados en su enfermedad y la profunda contemplación de las Escrituras en oración se convertirá en la base médica y espiritual necesaria para su sanidad. Usted ha sido dotado de herramientas intelectuales: ciencia y razón humanas. Al emplearlas, quizá profundice más en el misterio de la salud y se familiarice, hasta cierto grado, con el plan del Creador.

Y con ese entendimiento —una vez que acepte la verdad de la soberanía del Diseñador— descubrirá revelaciones de la prescripción de Dios para la salud y la plenitud. Solo a través de reconocer su diseño divino usted puede entender los obsequios de Dios y su gracia para su salud y restauración. Solo entonces encontrará dentro de su corazón el asombro y el aprecio verdadero que le debemos a nuestro Creador.

Nuestra comprensión científica y espiritual de la sanidad, así como nuestra habilidad de efectuar sanidad en nosotros mismos y en otros, exige que demos un paso atrás de nuestras circunstancias para observar el diseño espiritual de Dios para nuestro bienestar completo. Necesitamos ser personas ordinarias que apreciamos a nuestro Dios extraordinario.

PROPÓSITO

Todo lo que muestra una *pureza* de función también muestra un *propósito* de función que se debe directamente a un plan divino que fue ideado antes de su existencia. No tiene que ser un científico profesional para maravillarse de la belleza interminable de la naturaleza con el fin de ver la evidencia del plan para su salud y plenitud. Solo necesita estar dispuesto a reconocer con humildad la inteligencia del Creador y estar agradecido por ella. De esa manera podrá llegar a entender su significado y su propósito.

Buscar la sabiduría de Dios para conocer su propósito le revelará su plan para su salud y bienestar igualmente. Hay incontables maneras en las que podemos estar enfermos, fuera de equilibrio y en sufrimiento. Asimismo, hay incontables maneras en que podemos ser sanados: cuerpo, mente y espíritu. La sabiduría y la misericordia de Dios son insondables. Al examinar algunas áreas clave de nuestra composición en este libro, daremos una mirada a la provisión de Dios para la salud y la plenitud para el cuerpo, la mente y el espíritu humano.

Con el propósito de ayudarlo a tener un atisbo más profundo del corazón de Dios y su cuidado por usted, este libro reforzará la fe de los que creen en la intención de Dios para su salud y plenitud. También puede ser una fuente de apoyo para los que sufren en el presente y necesitan sanidad en su propia vida. Puede alentar a los que desean ver sanidad en la vida de sus seres queridos saber que Dios ha diseñado el cuerpo para ser pleno. También ha provisto sabiduría a los médicos para ser capaces de restaurar la plenitud y la salud. Este libro también podría convertirse en un refuerzo de ese hecho en la vida de los creyentes sinceros quienes no confían en la ciencia médica, y que piensan que la oración por sí sola es la senda a la sanidad.

Su salud y plenitud han sido diseñadas, ingeniadas y les ha sido dada sustancia por medio del asombroso diseño de Dios en la creación. Cual sea su situación en el presente, mi oración es que pueda ser animado mientras discutimos estos y otros temas con respecto al maravilloso y amoroso plan de Dios para su salud y plenitud. Todo el conocimiento y las provisiones de Dios para la restauración de su salud han sido codificadas en su cuerpo. ¿Está listo para echar mano de ese conocimiento? Comencemos.

CAPÍTULO 1

EL DISEÑO DIVINO
EN LA CREACIÓN

L A INTELIGENCIA Y las intenciones de un Diseñador divino tienen expresiones completamente únicas en cada especie de criatura en el planeta. Es una inteligencia construida en los ángulos de acción de los cuerpos y las aptitudes de los cerebros. Comienza con una inteligencia molecular que hace que los requerimientos de vida de un oso hormiguero sean posibles para el oso hormiguero, los cuales son muy distintos de los requerimientos de vida de un contador. Esta inteligencia divina se encuentra fijada en todas las células individuales que se originan de una sola. Es una inteligencia que supervisa y conduce el coro más colosal, impactante y conmovedor de creatividad en la existencia. Esa sinfonía máxima es la extravagante economía de vida que respira y suspira en este planeta.

Entre más consideramos con cuidado el descubrimiento científico de estos procesos moleculares de vida, somos introducidos de manera más directa a la infinita sofisticación de un diseño que es responsable por todas las cosas. La ciencia de nuestra época actual por fin está exponiendo el fenómeno del intrincado diseño de la vida. Hay detalles significativos evidentes al ojo del científico en el nivel celular en dimensiones de nanómetros (milmillonésimos de metro).

Aun así, mientras los misterios de la naturaleza como la Vía

Láctea, el sonar cetáceo o el vuelo inverosímil de los abejorros pueden capturar nuestra atención, en este texto queremos preocuparnos como seres humanos de la base de nuestra propia naturaleza y nuestro lugar en el universo. Así que, si volvemos al cuerpo humano, encontramos la prueba más sorprendente de ingenio, sabiduría y complejidad entretejida en su diseño natural. Y vemos esas pruebas con mayor claridad en el código genético del particular cigoto el cual genera todo lo que somos.

Por generaciones, las teorías científicas prevalecientes han elegido describir el fenómeno de la vida como el producto de fuerzas físicas frígidas y un accidente bioquímico. Cualquier concepto contrario que hablara de dirección y diseño en la naturaleza ha sido ridiculizado como superstición por estos científicos quienes abrazan las teorías de la evolución. No obstante, gracias a los recientes y profundos descubrimientos científicos, se puede comprender el concepto de diseño y la expresión de una profunda sabiduría que controla ese diseño como un *principio científico*. Dentro de una sola célula está la revelación de esa verdad que subyace en toda la naturaleza; incluyéndonos. El cuerpo humano representa una revelación científica de la presencia y personalidad de un Diseñador inteligente de gran sabiduría quien ama y sana.

Usted fue diseñado —no es un accidente químico— y eso significa que está lleno de significado y propósito en la mente del Diseñador. Con este significado y propósito se encuentran todas las razones para estar vivo y mantenerse vivo. El Diseñador tiene un plan para usted que incluye asombrosos mecanismos para el mantenimiento de su bienestar. El diseño del cuerpo humano brinda incontables y poderosos medios para responder a las lesiones y las enfermedades. Las provisiones para la operación apropiada, precisa y eficiente dentro suyo y en cada individuo, exponen el diseño y la prescripción para la salud y la plenitud.

Por medio de una exploración de la enfermedad y el diseño para su sanidad puede encontrar la mano del Diseñador a la obra. Mediante ese descubrimiento podrá entender el propósito y significado de su estructura y, sobre todo, su significado y propósito en la vida. Así que, no solo es *útil* reconocer y entender el diseño natural de su cuerpo para promover su salud y sanidad, sino que es una responsabilidad personal que debe aceptar.

Mientras cada uno de nosotros reconozca y abrace esa responsabilidad, podemos aprender a reconocer con agradecimiento nuestra salud como nuestra mayor riqueza terrenal. Nada podría ser más apreciado. También, en ese reconocimiento, podremos ver el glorioso rostro del Creador en pleno aprecio por este regalo suyo para nosotros.

PREGUNTAS 🌿 DE DISCUSIÓN

Haga una lista con las maneras en que usted encuentra evidencia de la inteligencia e intenciones de un Diseñador divino en la naturaleza.

_____

_____

_____

¿Qué aspectos físicos de su propio cuerpo revelan un diseño inteligente de Dios para usted?

_____

_____

_____

Lea Proverbios 30:24-28 y explique cómo una escritura como esta acerca del tierno cuidado y la atención de Dios a su creación le da esperanza para la plenitud completa en su cuerpo.

_____

_____

_____

_____

CAPÍTULO 2

BASES DE LA
ENFERMEDAD Y LA SANIDAD

S I EN LA actualidad se encuentra en búsqueda de sanidad, de libertad del dolor o de la discapacidad —como cada uno de nosotros en algún momento a lo largo del curso de la vida— puede ser difícil entender por completo qué le sucede o por qué. Los términos comunes con respecto a la enfermedad algunas veces son confusos, así que será útil distinguir de manera breve un par de conceptos importantes desde el inicio. Déjeme explicar cómo los términos *enfermedad* y *padecimiento* se relacionan entre sí y cómo ambos se relacionan con la sanidad.

Cuando usted se enferma su cuerpo se convierte en un impedimento para su propósito más que un instrumento. En un estado de padecimiento, toda la experiencia de su existencia se ve alterada de una manera negativa. Los que tienen un padecimiento «experimentan una serie de insultos íntimos a los aspectos de su existencia más integrales como seres humanos».[1] Esto es, cuando tenemos un padecimiento, hemos perdido la capacidad de vivir de la manera en que nos hemos acostumbrado.

Una enfermedad es una condición física caracterizada por una función disminuida o inapropiada del cuerpo. Es un desequilibrio en los sistemas o estructuras biológicos. Por otro lado, el *padecimiento* se compone de todas las condiciones y emociones incómodas y perturbadoras con las que una persona batalla cuando hay una *enfermedad* presente en el cuerpo. El padecimiento humano, entonces, es la enfermedad de todo el ser: cuerpo, mente y alma, con frecuencia provocado por una enfermedad.

Curar el padecimiento tiene que ver con erradicar la enfermedad. Mientras que la *sanidad* tiene que ver con restaurar a la persona completa de los efectos del padecimiento.[2] Solo podemos lograr tal restauración a la salud y plenitud por medio de ajustes mentales y espirituales, además de erradicar los efectos físicos de la enfermedad. Dicho de otro modo, la sanidad auténtica requiere de la cura física, así como de la restauración de la plenitud mental y espiritual. Nos referiremos a ese feliz estado como *salud total*.

LAS BASES

La característica primaria tanto de la cura como de la sanidad, sobre todo, es descrita por el término *equilibrio*. El cuerpo humano —su cuerpo— fue diseñado para mantener el equilibrio y realizar los ajustes necesarios cuando ese equilibrio natural se ve trastocado. Tome los ejemplos relativamente sencillos del efecto del calor y el frío en su cuerpo. Cuando tiene mucho frío, comienza a tiritar. Por este mecanismo, su cuerpo trata de generar calor y reestablecer el equilibrio de la temperatura corporal apropiada. Asimismo, cuando el ambiente es caluroso, la temperatura de su cuerpo se eleva y el cuerpo restaura el equilibrio por medio del mecanismo de la transpiración. La evaporación de la transpiración de la piel tiene la intención de restaurar el equilibrio, por medio de bajar la temperatura del cuerpo a su nivel preferido.

En este capítulo nos enfocaremos en la enfermedad y la cura para el cuerpo, la cual el Diseñador codificó en las habilidades de sanidad innatas del cuerpo. ¿Cómo ha sido diseñado nuestro cuerpo para brindar mantenimiento del equilibrio? Cuando hablamos acerca de mecanismos biológicos innatos, un acercamiento científico empírico al cuerpo como un agrupamiento de órganos y sistemas es lo más útil.

Las enfermedades pueden llegar al cuerpo desde fuera en la forma de microorganismos, como virus, bacterias y parásitos. El trauma o la enfermedad puede ser resultado de accidentes, maltrato o exposición a químicos u otras sustancias dañinas. Algunas enfermedades, como el cáncer, se originan dentro del cuerpo. En ese caso en particular, algo ha afectado el equilibrio del mecanismo interno que suele revisar el crecimiento de células erráticas dentro del cuerpo.

Si definimos la base de toda enfermedad como la respuesta a una lesión, entonces la base de la cura de la enfermedad es la respuesta física apropiada —equilibrada— de los mecanismos innatos del cuerpo. El cuerpo tiene muchos de tales mecanismos que existen simplemente para responder a una alteración en el equilibrio normal del funcionamiento. Algunos de estos todavía permanecen más allá de nuestra habilidad de explicarlos. No obstante, incluso el evento menos extraordinario de cura propia puede ser interpretado como un desempeño fantástico de respuestas a la lesión perfectamente coordinadas y apropiadas.

Cada tejido en el cuerpo muestra una complejidad casi inexplicable en sus capacidades de rejuvenecimiento y renovación. Y esto se puede observar incluso en los ejemplos más triviales (menos urgentes) de su respuesta a la enfermedad y los padecimientos. Estamos por completo equivocados cuando damos esto por sentado. Incluso este mecanismo de sanidad innato por la sencilla cortadura de una hoja de papel es una demostración de los sistemas de vigilancia y reparación bien afinados de nuestro cuerpo. Estas funciones derivan de manera directa del fabuloso diseño de Dios, todos contenidos, desde el inicio, en el cigoto.

Aunque cada cuerpo humano es único, cada uno también está desarrollado sobre el mismo modelo de diseño y equilibrio, iniciados por una sabiduría e inteligencia comunes. Cuando pensamos en la inteligencia de otro individuo, o en la propia, pensamos en la habilidad mental de esa persona para resolver problemas y manipular abstracciones. Sin embargo, en lo que respecta al cuerpo, debemos comprender que todo él exhibe una inteligencia innata. Su sistema inmune, por ejemplo, tiene memoria y «aprende». Usted experimenta bienestar —en el grado que lo hace— gracias a que su cuerpo de manera continua monitorea, trabaja, vuelve a crecer y combate elementos que lo amenazan de una forma inteligente.

¿Cómo se logra todo esto? ¿Por qué se realiza? La mayoría de los teóricos tratarían de hacerlo creer que tales habilidades y capacidades maravillosas de nuestro cuerpo físico meramente evolucionaron de un gran vacío universal; de la nada. No obstante, los estudios celulares actuales brindan evidencia, a nivel molecular, de que el cuerpo humano es la pieza de ingeniería más fastuosa, intrincada y mal entendida del universo.

Muchos estudiantes de la ciencia, como yo mismo, hemos tenido que abrazar la verdad revelada bajo el microscopio de la exquisita belleza y complejidad de diseño que vemos allí. Y muchos de nosotros hemos estado dispuestos a reconocer al Diseñador mismo como Dios, quien se ha vuelto nuestro Señor y Maestro. Ha ganado nuestro corazón, no solo por las maravillas de la creación que hemos observado, sino por su infinito amor que nos ha revelado.

Cuando venimos a Dios por medio de Cristo nuestro Salvador, el propósito por el cual fuimos creados comienza a llenar nuestro corazón y mente con gozo y paz al descubrir nuestra trascendencia eterna. Desde ese descubrimiento, he estado involucrado en un viaje al corazón de Dios, en aprendizaje para conocerlo mediante las Escrituras y en comunión con Él en oración y comunión con otros creyentes. De continuo busco reposar más plenamente en su redención en todas las situaciones de la vida. Y a medida que lo hago, encuentro un lugar para la adoración más profunda de mi Salvador. Su amor por mí me ha dado un gran deseo de ayudar a otros a conocer el propósito por el que nacieron y ayudarlos a ser restaurados a la salud y a la plenitud en cuerpo, mente y espíritu.

PREGUNTAS 🌿 DE DISCUSIÓN

Haga una lista con los padecimientos y enfermedades con los que ha estado batallando.

_____

_____

_____

¿Qué síntomas físicos experimenta que podrían estar conectados con estas enfermedades?

_____

_____

_____

¿Cuál es el primer paso que tomará hacia su sanidad?

_____

_____

_____

Escriba una escritura que le dé esperanza.

_____

_____

_____

CAPÍTULO 3

DISEÑADOS PARA
SALUD Y PLENITUD

NINGÚN SISTEMA FÍSICO del cuerpo funciona a la perfección. El sistema inmune, la córnea y la piel tienen puntos de debilidad ocasional. No obstante, incluso en nuestro mundo lleno de contaminantes en el aire, el agua y los alimentos, ¡mire lo que sí logran por usted! En lo biológico, las probabilidades nos son contrarias por mucho en un mundo tan lleno de peligros: virus mutantes de SARS en el aire, salmonela en nuestro pollo, *E. coli* en nuestra hamburguesa y el virus del Nilo occidental en los mosquitos que pasan zumbando por nuestras orejas. Estas son solo un puñado de amenazas familiares contra nuestro cuerpo físico.

No obstante, con agudeza científica, debemos observar los logros masivos de los sistemas intrincados y sofisticados que «tenemos» desde el momento en que comenzamos a desarrollarnos como una persona a partir de un cigoto minúsculo. Frente a una cantidad imposiblemente inmensa de amenazas, en su mayoría continuamos con nuestra supervivencia. Esta supervivencia y esperanza por salubridad sería sin sentido si no fuera por la inteligencia del Creador, la cual se expresa en mecanismos de defensa a lo largo de todo el cuerpo. Sin duda hay una complejidad irreductible incorporada en nosotros que todavía se encuentra más allá de nuestra habilidad de comprensión. Esa hermosa complejidad nos pide a cada uno de nosotros que reconozcamos y adoremos a su Creador, nuestro Creador, en profundo aprecio y en asombro y maravilla de tal belleza profunda.

Ravi Zacharias ha considerado el corazón del asombro y la dinámica del asombro en el corazón, lo cual registró en su libro *Vuelva a maravillarse*. Escribió que uno podría pensar del asombro como «la capacidad de un niño en lo más sublime».[1] Es correcto pensarlo. El asombro es la experiencia emocional que provoca que nuestros ojos se abran de par en par y que nuestro corazón se acelere con emoción. El sueño de la realización última, la búsqueda consciente e inconsciente de la vida, está en el asombro; en el equilibrio de lo encantado con la realidad.

Para algunos, el conocimiento más personal de las estrellas y los átomos y las células «T» que obtienen, al parecer, disfrutan de menos asombro. Este no debería, ni necesita ser, el caso. ¡De hecho, el conocimiento de nuestro cuerpo humano y sus muchos mecanismos y sistemas para la vida y la salud debería excitar y aumentar nuestra curiosidad y asombro sin fin! Los misterios profundos de la naturaleza, nuestra naturaleza, solo pueden provocar asombro y maravilla por la Inteligencia, el Creador, el Padre que diseñó todo y entiende todo. Es porque lo entiende todo que nos ha dado las mentes inquisitivas que tenemos. La ciencia humana nos brinda una diminuta probada del diseño profundo y el cuidado amoroso incorporado en el ADN del cigoto y el cuerpo que genera. Es un diseño tan increíblemente extraordinario, inspirador de asombro, misterioso y maravilloso que debemos —en realidad debemos— estar agradecidos con Dios por cada momento que respiramos.

Aun así, la evidencia expuesta por el método científico moderno continúa siendo interpretada por la mayoría dentro del marco del darwinismo y las teorías de la evolución. Lo cual no tiene sentido. Si los interpretamos de manera honesta y humilde, los detalles de nuestra naturaleza de hecho señalan a una *complejidad irreductible*; esto es, el principio científico que describe una entidad que no podría haber sido el producto de una selección natural sin dirección e irreflexiva.

Lo que la ciencia nos dice, si somos lo suficientemente humildes para creerlo, es que dentro de nuestros órganos, tejidos, células, código genético y partículas submoleculares se encuentra la fuente de inmenso asombro. Y es —o debería ser— nuestra principal inspiración para el gran aprecio de nuestro Creador. En la organización de nuestros átomos, proteínas y sistemas integrados se encuentra la evidencia de que fuimos creados con un diseño maravilloso y milagroso con la intención de no solo definir, sino también de promover y prolongar nuestra existencia física en la Tierra según un plan divino.

En la era actual, la existencia de un alma inextinguible y la dignidad de cada uno de nosotros —únicos y preciosos a la vista de Dios— han sido negadas por muchos. No obstante, los hechos científicos reales que se pueden observar en un solo huevo fertilizado nos dan un relato sorprendente de la bella mente del Creador. Las defensas y respuestas naturales del cuerpo humano también nos dan una expresión clara del amor de Dios y su plan para, y el método de, nuestra sanidad. Dios nos hace entrega de su tarjeta de presentación por medio de los hechos científicos de nuestra habilidad para existir, florecer y sanar cuando somos afligidos.

Esta habilidad innata del cuerpo para sanarse a sí mismo es el primer don de sanidad de Dios. Como recipientes de este maravilloso don de la creación, ¿por qué no vemos esto y amamos al Creador por ello? ¿Por qué no somos llenos de aprecio? No podemos ver el cuerpo, el asombroso cigoto, sin ver el rostro de Dios. A través de observar las maravillas de la creación, podríamos volver a encender la maravilla en nuestro corazón mediante un espíritu de aprecio profundo y de gratitud por el don.

Sin duda, dentro de nuestra estructura se encuentra el diseño para la sanidad; no obstante, somos una creación mortal, y el cuerpo humano es falible. El hecho de que necesitamos sanidad siquiera significa que nosotros, nuestros cuerpos, tenemos el potencial de flaquear y fallar. En los desequilibrios ocasionales del cuerpo, vemos que la enfermedad es tanto parte de la vida como lo es la salud. La restauración es la meta a la que nos extendemos, y todavía podría algunas veces estar fuera del alcance de los sistemas naturales por sí solos. En tales casos debemos ver fuera de nosotros mismos para un poco de ayuda. Esa es la vida, verdad y don divino que queremos considerar a continuación.

PREGUNTAS ꧁ DE DISCUSIÓN

¿Ha tratado de restaurar su salud por medio de su propia investigación y decisiones sabias? ¿Cuáles fueron los resultados?

....

....

....

....

....

¿Ha buscado la ayuda de un médico para tratar con sus padecimientos?

....

....

....

....

¿Cuál es la diferencia entre tratar un padecimiento y prevenir uno?

....

....

....

....

CAPÍTULO 4

EL PAPEL DE LOS MÉDICOS
EN LA PRESCRIPCIÓN DE DIOS

TRATE DE NO desalentarse; nunca. Una gran inteligencia se le ha adelantado y anticipado sus necesidades. Usted ha sido diseñado para sanarse. Hemos visto que el cuerpo humano —su mismo cuerpo— es maravilloso y misterioso en la complejidad de ese diseño. Es un testimonio magnífico del diseño del universo por parte del Creador. Con su habilidad de operar y mantenerse, el cuerpo humano es el punto destacado de toda la naturaleza creada.

Sin embargo, la verdad es que somos mortales. Debemos comprender que como seres orgánicos quedamos atrapados en batallas biológicas continuas por fuerza, salud y existencia continuadas. Microorganismos letales, lesiones y enfermedades neuromusculares y el estrés diario son algunas de las posibilidades peligrosas entre una cantidad casi infinita de otras amenazas a nuestra salud.

Nuestra vulnerabilidad a tantos ataques variados hace que sea una certeza que el cuerpo humano pierda algunas de esas batallas. Sin embargo, algunas de las fallas resultantes en los sistemas físicos no necesitan llevar a un deterioro permanente, dolor o muerte como solemos temer. Las interrupciones en la función adecuada pueden ser influenciadas e incluso revertidas cuando se aplica el entendimiento verdadero y el aprecio de su cuidado, cura y métodos de prevención.

Con frecuencia la diferencia entre salud y padecimiento o

vida y muerte yace en la aplicación del conocimiento médico a la situación en cuestión. Esto es, conocimiento que comienza con el entendimiento del milagro de los sistemas innatos contenidos en las células que se originan a partir del cigoto. En otras palabras, el camino al bienestar algunas veces yace en encontrar ayuda para los procesos naturales de sanidad que posee nuestro cuerpo. Nuestro conocimiento colectivo del intrincado diseño humano brinda instrucción útil para nuestra juiciosa intervención.

La enfermedad es una experiencia humana común. Incluso los individuos más sanos entre nosotros no pueden escapar de ella por completo. No obstante, quizá no sea fácil para una persona reconocer la necesidad de ayuda cuando sus mecanismos naturales de sanidad se han lesionado, son inadecuados o han sido superados. No obstante, un aprecio auténtico por el milagro del cuerpo elevará la conciencia y la preocupación por mantener su equilibrio. Cuando pueda ver la vida como el regalo que es, se comprometerá con cuidar de ella de una manera diligente, justo como labraría un huerto. Deseará hacer todo lo que pueda para mantenerse saludable y florecer. Cuidar de su cuerpo es una responsabilidad importante. La responsabilidad abarca procurar la sabiduría y los métodos de sanidad que brinda el conocimiento colectivo humano de la célula y el maravilloso diseño de usted.

Para ser sanado —para cumplir con el significado de su diseño para sanidad— algunas veces necesitará cambiar los alimentos que come, en ocasiones necesitará encontrar un vendaje y en otras necesitará ver a un médico. Siempre, usted será juicioso para presentar su necesidad de sanidad en oración a su amoroso Dios y Padre. Él le dará su paz y lo conducirá en el sendero de sanidad que necesita en su situación.

LA CIENCIA MÉDICA, EL MÉDICO Y LA SANIDAD

La esencia de la ciencia médica es la observación, el aprecio y la cuidadosa intervención en el diseño natural de una persona cuando sea necesario traer sanidad. En medicina, nuestra práctica está vinculada tan fuerte a nuestro entendimiento científico de las manifestaciones del conocimiento del Creador, como una fruta lo está a un árbol. En nuestra época, el conocimiento de las estructuras y funciones del cuerpo derivadas de un cigoto es la base del árbol que lleva el fruto de los métodos de sanidad del médico.

Cuando usted se enferma o se lesiona, recurre a aquellos hombres y mujeres que deben hacer su trabajo dentro del entendimiento que poseen de nuestro diseño creado. Examinan, interpretan pruebas, administran medicamentos y reparan o alteran con cirugía. Usted espera que su conocimiento y habilidad le traigan consuelo y alivio; y que lo restauren. Ellos emplean técnicas y aplican conocimiento científico para restablecer la integridad de un cuerpo cuya habilidad natural de defensa o desarrollo está debilitada, descompuesta o es inexistente. Aplican técnicas en línea con los principios de la naturaleza, del diseño divino del cuerpo.

He tenido experiencia personal con este uso creativo de las técnicas de sanidad como paciente al igual que como médico. Después de un accidente en bicicleta durante mis años de entrenamiento, sufrí una fractura severa y dolorosa del fémur, el hueso largo superior de la pierna. El Dr. Dean Cole restauró mi pierna con una visión de principios universales —física, columnas, sustentante de cargas—, junto con un profundo entendimiento de los huesos humanos y su crecimiento. Introdujo un invento suyo en mi pierna fracturada, lo cual permitió que el hueso dañado creciera desde dentro a medida que sanaba. A lo largo de un periodo de algunos meses, el hueso creció unas necesarias dos pulgadas y media, un poco más de seis centímetros, lo cual no habría sucedido por medio de un tratamiento tradicional.

El entendimiento profundo de los mecanismos del diseño del cuerpo y su función dentro de las leyes universales es lo que Dios le proveyó a la humanidad como resultado del conocimiento científico obtenido a través de siglos de observación de la anatomía humana. Los médicos deben usar este entendimiento en sus esfuerzos para sanar. Por lo tanto, aceptar su responsabilidad por la enfermedad de su cuerpo con frecuencia lo lleva a las puertas de los médicos en su hora de necesidad. Como administradores de nuestros cuerpos, que las Escrituras describen como los templos de Dios (1 Corintios 6:19-20), debemos buscar el conocimiento y la experiencia de los que están familiarizados con el diseño. Esas personas son nuestros médicos y deberíamos estar dispuestos a aceptar su ayuda en nuestra sanidad.

Los ejemplos siguientes ayudarán a demostrar el papel de los médicos y los científicos médicos para ayudarnos en nuestra sanidad.

INGENIERÍA GENÉTICA

No todas las curas de enfermedades se logran solo por los practicantes médicos. Los investigadores médicos tienen un papel igualmente vital que desempeñar. Un ejemplo emocionante del impulso humano con respecto a efectuar una cura dentro de las fronteras del diseño natural es la investigación vanguardista en ingeniería genética. Por medio de la ingeniería genética, conocida de manera formal como tecnología de recombinación de ADN, la ciencia médica ha trabajado con el ADN de los seres humanos y otras especies de vida para intentar curar ciertas enfermedades.

El proceso es elegante, por lo menos en principio: los científicos pueden remover genes de un organismo y luego combinarlos con genes en un segundo organismo. Esto le permite al segundo organismo producir proteínas, lo cual es algo que el primer organismo hace de manera natural, pero el segundo no. El segundo organismo implantado obtiene la habilidad —por medio de esta pieza de ADN introducido— de producir las proteínas que el primer organismo produce de manera natural. Ciertas sustancias importantes podrían ser producidas de este modo en volúmenes más altos.

Otro aspecto de la tecnología de recombinación de ADN es reemplazar los genes defectuosos o faltantes con genes normales. Los estudios han descubierto que hay muchas soluciones posibles a problemas médicos graves con el uso de terapia de recombinación de genes de ADN. El cáncer es solo una. Otras incluyen ayuda para pacientes que tienen una cardiopatía inoperable. Tal terapia genética tiene el potencial de «convertirse en un avance importante en el tratamiento de las cardiopatías».[1]

Quizá esté al tanto de que el genoma humano —el mapa completo de los genes humanos— ha sido diagramado por completo. El ADN es fantástico en su complejidad, y todavía no ha sido comprendido a plenitud. La secuencia base de pares de ADN es cien veces la cantidad de cadenas de caracteres de una sola letra en el conjunto de dieciocho volúmenes de la *World Book Encyclopedia* [Enciclopedia mundial], lo cual es de tres millardos de secuencias de pares. Cada uno somos diferentes como por un millón de pares. Sin embargo, el exitoso proyecto del genoma hizo el mapa del ADN de un solo individuo.

Este increíble conocimiento científico debería crear un asombro y respeto profundos por la naturaleza creada y nuestra composición física. Debería hacer que nos humillemos delante de Dios para adorarlo por su grandeza y su amor por toda la creación, especialmente la humanidad, la cual hizo a su imagen (vea Génesis 3). No siempre podremos mejorar la naturaleza. No obstante, tal humildad y aprecio por el amor de Dios por nosotros nos permitirá continuar forjando nuevas terapias para un cuerpo que fue creado de una manera tan magnificente.

COMPRENDER LA ENFERMEDAD CONTRA EL PADECIMIENTO

Las intervenciones médicas y quirúrgicas de los médicos, así como los esfuerzos de los investigadores, no describen los esfuerzos completos en pos del papel de la sanidad asistida por un médico. Es necesario recordar que cuando hablamos de sanidad, referenciamos la necesidad de la gente. La carga y el privilegio de todos nosotros quienes buscamos ayudar en la sanidad de otros es abordar la humanidad de los que tienen necesidad.

Por ejemplo, podría ser naturaleza humana que no estemos enfocados en nuestro reconocimiento y aprecio de lo bueno que tenemos en la vida, ya que estamos demasiado al tanto de lo malo. Esta perspectiva negativa de la vida afecta nuestro pensamiento con respecto a la enfermedad y la salud también. De hecho, tan inconscientes como nuestras bendiciones tiendan a ser, algunas veces pensaremos en la salud solo como la ausencia de dolor o discapacidad. En otras palabras, nuestra salud es meramente una falta de impedimento a nuestra vida física.

Las personas con esa perspectiva limitada de la salud no despiertan en la mañana agradecidos por la eficiencia del buen funcionamiento de su cuerpo. No obstante, son lanzados de manera abrupta a la consciencia de su salud cuando la enfermedad toca su cuerpo y se convierte en una obstrucción a lo que han dado por sentado como salud. Las funciones diarias sencillas —pensar, hablar, comer o caminar— que una vez no eran parte de su pensamiento consciente se convierten en un enfoque supremo cuando son afectadas por una lesión o una enfermedad. Cuando enfrenten enfermedad o un padecimiento necesitarán aplicar un entendimiento apropiado de lo que abarcan estos términos con el fin de ser restaurados a la plenitud y la salud.

Un entendimiento adecuado de la sanidad, la salud y la plenitud gira sobre la comprensión del significado de *padecimiento* en contraste con el significado de *enfermedad*. Recuerde, la *enfermedad* es un proceso que provoca un mal funcionamiento biológico; un *padecimiento* es la experiencia vivida en la psique y las emociones y las limitaciones dolorosas provocadas como resultado de este desperfecto biológico. El padecimiento abarca todo un rango de sentimientos y estados de ánimo del individuo: temor, indefensión, impotencia, dependencia y vulnerabilidad. La enfermedad, más bien, es una descripción neutral y objetiva de la disfunción en la biología del cuerpo.[2] Al parecer ambas palabras podrían simplemente connotar un solo estatus definido por ser un estado *no* sano. Sin embargo, incluso una enfermedad menor podría en principio provocarle a una persona una confrontación con su mortalidad. Por esa razón, el padecimiento no se puede tomar como una sencilla falta de salud o la experiencia aislada del dolor y la limitación provocada por la enfermedad. Es un estado del ser que afecta la vida de toda la persona.

Por ejemplo, la experiencia de un padecimiento será muy difícil para un corredor olímpico al que se le dice que después de que su lesión sane podrá caminar normalmente, pero que nunca correrá de manera competitiva de nuevo. Claramente, su mundo personal ha sido puesto de cabeza de manera instantánea, de tal manera que afecta su psique y bienestar emocional y requiere un cambio de metas.

Para otra persona que sufra la misma lesión que el corredor olímpico, pero para quien hacer arte es el logro más importante de la vida, las mismas malas noticias no son tan difíciles de recibir. Para estas personas, cuya lesión y dolor físico es equivalente, la experiencia —el padecimiento— tiene efectos muy diferentes en su psique y bienestar emocional, así como en su futuro.

Piense también en la persona que siente que algo anda mal en su salud física y que se vuelve temeroso, ahogado en ansiedad. Cuando el médico quizá no halle un desperfecto físico, podríamos pensar que esta persona sufre un padecimiento —temor y ansiedad— sin que una enfermedad real afecte su salud. De manera similar, la enfermedad sin un padecimiento se puede manifestar en un individuo que ha tenido una debilidad física identificada por un médico; sin embargo, se siente bien, permanece irreprensiblemente positivo y se rehúsa a verse como una persona enferma.[3]

Para que sean restauradas su salud y plenitud, una persona necesitará abrazar cambios en su perspectiva de la vida y sus metas. Esos cambios podrían abarcar sus búsquedas físicas, su perspectiva mental y su ser espiritual.

CURA MÉDICA CONTRA SANIDAD TOTAL

"La enfermedad es un territorio colonizado por la ciencia con la muerte acechando en el fondo que flanquea el horizonte. Y entre estos extremos experimentales —el de la mortalidad del individuo y el ojo neutral de la ciencia— quedan dispersas innumerables técnicas de experiencia de sanidad".[4] Los médicos emplean conocimiento científico para restablecer la integridad de un cuerpo. Sin embargo, ¿podríamos decir que esto describe todo lo que hacen o todo lo que esperaríamos como pacientes? ¿Es este el sendero a la salud y la plenitud o su significado? Sus respuestas yacen en la manera en que entiende a la humanidad y lo que significa estar enfermo y en su reconocimiento de que el Creador permanece como la fuente de toda la salud y plenitud, incluso a través de sus instrumentos: la mente y las manos de su médico.

¿Cómo se definen mejor la salud y la plenitud bajo los requerimientos de la cura y del cuidado de los enfermos con la muerte que acecha en el fondo? Principalmente, la presencia tanto de los padecimientos como de la enfermedad requiere un diálogo entre paciente y médico que cubra un amplio rango de experiencias potenciales físicas y emocionales. La *cura* puede proceder en una forma unidimensional: técnicas científicas avanzadas les han permitido a los médicos curar la enfermedad sin un sentido de cuidado cercano al paciente. Pero la *sanidad* podría no llegar a ser una realidad para la persona si después de la remoción del dolor, de la limitación y de la amenaza de muerte de esa enfermedad, permanecen el temor y un sentido de pérdida.

La naturaleza personal y subjetiva de la salud y la enfermedad representan la necesidad de equilibrio en cada vida. Cuando una afección —una masa, dolor o debilidad— se vuelve lo suficientemente alarmante, ese equilibrio se ve sacudido; usted busca ayuda profesional. En este punto se convierte en paciente. El tratamiento de su médico es una respuesta a la desintegración parcial de su ser y constituye la necesidad de una restauración reconfortante del equilibrio individual de su salud y plenitud en su psique, así como en su cuerpo. Hay varios elementos principales que deberían caracterizar a los tratamientos médicos que buscan reconfortar al mismo tiempo que curar. Esta breve explicación del papel de los médicos en su sanidad brinda un poco del entendimiento que necesitamos mientras buscamos su ayuda profesional para ser restaurados a salud y plenitud.

Comprensión y respeto

El cuerpo humano es una maravilla natural con un diseño biológico casi impenetrable. La cura de la enfermedad es el plano de la medicina que requiere un acercamiento científico a los átomos, enzimas, receptores, órganos y sistemas del cuerpo. Esto constituye una reparación con base tecnológica, el rejuvenecimiento de la función deteriorada y la renovación de la integridad del organismo biológico. Debería existir un elemento de asombro, humildad y respeto en el médico por la completa magnificencia del diseño y el funcionamiento del cuerpo humano, por sus tejidos y cada componente, hasta sus células y moléculas individuales.

Cuando ese elemento de respeto está presente en los tratamientos médicos, el paciente estará más esperanzado y tendrá un sentir de dignidad como la más alta creación de Dios que es. Podrían recurrir a Dios con mayor facilidad por ayuda espiritual y confiarían en su relación con Él y en su amor por ellos, lo cual traería reposo y sanidad a su mente y espíritu.

Conocimiento y competencia

La razón por la que visitamos a un oftalmólogo en lugar de a un jardinero cuando tenemos problemas con nuestros ojos es para beneficiarnos del conocimiento y capacitación específicos que el médico de los ojos posee para aplicarlos a nuestra dificultad. Si la salud del individuo es el objetivo de la práctica de la medicina, esto significaría que la ciencia biomédica y la tecnología deben ser traídas para llevar la carga del problema. Al ver al paciente como uno de nuestros semejantes, como una creación de Dios única y preciosa, el médico tiene la obligación de brindar maestría y habilidades plenamente desarrolladas. Todos los procedimientos deberán ser llevados a cabo con atención a los detalles y perfección.

Compasión

Es típico y justificable que pensemos de la *medicina* como una ciencia, pero nuestra discusión sobre los padecimientos indica que la práctica de la medicina es una ciencia *humana*. Esto es, toda la persona está siendo sometida a la experiencia y conocimiento del médico para traerles salud y plenitud. Con toda probabilidad, esto es lo que la gente entiende de manera intuitiva como el *arte* de la medicina. Los padecimientos y el sufrimiento no se pueden tratar sin el entendimiento de las personas y la empatía correspondiente por ellos. Todos los médicos dependen de la experiencia y los conocimientos biomédicos, pero también saben demasiado bien que ese mismo tratamiento puede tener éxito en un paciente y fallar en otro. El médico, para sanar en verdad, debe comprender el dolor del paciente y su sufrimiento en los aspectos mentales y emocionales y reconocerlo como un semejante que es «igual que yo». Esto de manera inevitable permitirá sensibilidad a los aspectos y necesidades únicas del paciente.

Dignidad de la ayuda personal

Este elemento de la sanidad quizá se relacione más con los servicios de las enfermeras —así como de los miembros de la familia y amigos— que de los médicos. Conlleva hacer por los demás lo que no pueden hacer por sí mismos. Es la provisión de ayuda en los actos de vida como cocinar, alimentarse y asearse, así como brindar apoyo emocional y al estado de ánimo. Guardar la dignidad de la persona que necesita ayuda de otro para las cosas que se siente cómodo de hacer por sí solo es vital en su proceso de sanidad.

Ofrecer certidumbre al paciente

El médico debe estar al tanto de varias cosas al invitar al paciente a confiar en él y transferirle su responsabilidad y ansiedad. Primero, para el paciente, la relación puede parecer desigual y hacerlo sentir inseguro. El paciente carece del conocimiento y de los medios para efectuar su propia cura y debe suplicarles a otros —usualmente extraños— por ayuda. Esto conlleva renunciar a cierto grado de libertad de elección y autonomía. De manera natural, hay sentimientos de vulnerabilidad y pérdida de la dignidad que se encuentran en la esencia de esta relación. La autoimagen se encuentra en riesgo así como la salud biológica.

EL PAPEL DEL MÉDICO EN LA SANIDAD

Pero un samaritano, que iba de camino, vino cerca de él, y viéndole, fue movido a misericordia; y acercándose, vendó sus heridas, echándoles aceite y vino; y poniéndole en su cabalgadura, lo llevó al mesón, y cuidó de él.

— Lucas 10:33-34

La sanidad asistida por un médico será más eficaz cuando exprese el amor de Cristo—amor *ágape*—como en la historia del samaritano caritativo que relató Jesús. Una naturaleza filosófica o naturalista de hacerle un bien percibido al paciente no basta. El juramento hipocrático es una declaración no vinculante que es en gran medida irrelevante en una era de avances tecnológicos desenfrenados. Una ética confundida busca guiarnos a los difíciles debates alrededor de, por ejemplo, la clonación y el aborto.

La medicina en su esencia es una búsqueda científica con su propia lógica basada en metas *científicas*. Pero el más amplio sentido del tratamiento caritativo de un paciente tiene que ver con la fidelidad al bienestar del paciente; lo cual se convierte en la obligación moral de la medicina y su meta. Esta obligación moral solo puede ser cumplida por un médico que ha rendido su vida al amor de Cristo y desea ministrar a los pacientes a partir de ese depósito de amor divino que ha recibido.

Jesús nos dio el más puro ejemplo de la manera en que los médicos cristianos deben acercarse a los enfermos. Sanar a los que estaban enfermos y en sufrimiento era un aspecto diario de su vida. Sanar a los enfermos era central para su misión de salvar. Fe, esperanza, integridad y respeto por el paciente son elementos que crecen a partir del amor *ágape*, esto es, del amor que emana de Dios mismo. Es la compasión inspirada por nuestro Gran Médico que habilita a los profesionales del cuidado de la salud a reconocer que, tan eficaces como puedan ser nuestra ciencia y tecnología, no remueven el sufrimiento. Es solo el amor sanador de Cristo compartido con un paciente que puede ir más profundo que un dolor físico y aliviar el sufrimiento de la psique y el espíritu de un hombre o una mujer. Esta realidad espiritual hace de la búsqueda de los médicos cristianos para conocer a Dios en una relación cercana, una necesidad más profunda para su éxito final.

En realidad, los médicos tienen el propósito de ser instrumentos de Dios para aplicar principios de sanidad y técnicas de cura que Dios ha provisto. Por medio del conocimiento y la sabiduría que han descubierto en su estudio de la ciencia médica, compilada a lo largo de los siglos, los médicos pueden buscar la sabiduría de Dios para la sanidad de cada paciente.

Cuando seamos nosotros los pacientes, busquemos en oración la guía de Dios para someternos a las manos hábiles de médicos entrenados; de aquellos que no solo empleen avances tecnológicos a nuestra situación, sino que busquen conocer la sabiduría de Dios para su sanidad. De esa manera, puede esperar que Dios esté con usted y le enseñe a reposar en su amor por usted a medida que ve la restauración de su salud y plenitud.

PREGUNTAS 🌿 DE DISCUSIÓN

¿Comenzó la búsqueda de respuestas para su salud por medio de consultar a Dios y su Palabra? ¿O depende de los esfuerzos humanos para buscar una cura?

¿Su médico incorpora elementos de cuidado integral en su tratamiento o solo se enfoca en la cura?

¿Alguna vez ha tenido que buscar una segunda opinión con respecto a su cuidado médico? ¿Cuál fue el resultado?

CAPÍTULO 5

SU PAPEL PERSONAL EN
LA PRESCRIPCIÓN DE DIOS

NADA PUEDE REEMPLAZAR el conocimiento y la experiencia de los médicos en nuestra vida y no deberíamos dudar en buscar su ayuda cuando sea requerido. Fallar en hacerlo sería negar uno de los grandes dones que Dios le ha brindado para su salud y plenitud. Cuando se siente fuera de control durante un tiempo de enfermedad usted desea que alguien que entienda tome de control su situación. Eso tiene mucho sentido. La complejidad del cuerpo, sus enfermedades y la brecha en el conocimiento de esos temas nos tiene a la mayoría de nosotros sin saber qué hacer. También, tenemos temores del mundo desconocido de la enfermedad y sus consecuencias potenciales. El Creador lo ama y les ha dado conocimiento y comprensión a los médicos de la causa y la cura de su dolor físico o psicológico.

No obstante, usted también tiene la responsabilidad de tomar un papel activo en su proceso de sanidad. Un médico puede tratar una enfermedad, o por lo menos sus síntomas. Pero será más difícil para el paciente sanar a menos que reconozca su propia responsabilidad y tome un papel activo en el proceso de sanidad. Un regreso a la plenitud requiere sustancialmente más que recibir un tratamiento médico o tomar una pastilla. Necesitará dar pasos sustanciales por él mismo hacia prevenir una falla física futura, así como pasos apropiados para influenciar el proceso de sanidad cuando sea afligido con una enfermedad. Esta conciencia práctica de su responsabilidad para restaurar y mantener la salud también es un regalo de Dios, uno que necesita estar dispuesto a recibir. Es razonable pensar en su propia responsabilidad para restaurar y mantener su salud y plenitud como una sanidad *autoasistida*.

Hay mucho que puede y que debe hacer por sí mismo. Si usted piensa al respecto, vive en un «mecanismo» de carne y hueso, el cual usted espera que se desempeñe de manera impecable, algunas veces a pesar de cómo lo trata. Espera que lo ayude a lograr las cosas en la vida que espera que le traigan éxito. Hay más, por supuesto.

Como ha sido diseñado por el Creador para una relación con Él, debe reconocer la verdad de su Palabra, que describe nuestro cuerpo como «el templo de Dios» (1 Corintios 6:19-20). Eso significa que somos responsables de vivir de tal manera que su presencia se sienta cómoda y a gusto en nosotros. El cuidado concienzudo, respeto, admiración y aprecio por el don de la vida que nos ha dado nos deja con una responsabilidad. Depende de nosotros —y solo de nosotros— cuidar de nuestro cuerpo de maneras positivas al mismo tiempo de evitar los elementos dañinos y tomar pasos apropiados para contrarrestar o revertir el inicio de una enfermedad.

El cuerpo con sus sesenta billones de células y una memoria celular equivalente al contenido de doscientos directorios telefónicos de la ciudad de Nueva York requiere atención comprometida. Solo hay una manera de tener consciencia de la inmensa responsabilidad de cuidar de nuestro cuerpo y aceptar esa responsabilidad de todo corazón. Tiene que ver con apreciar el diseño inteligente de su cuerpo por parte del Creador y agradecerle por la vida misma. Vivir en ese entendimiento nos inspirará a ayudar en el proceso de mantener la salud y ayudar con nuestra propia restauración de la plenitud cuando la enfermedad ataque. Con una gratitud genuina y maravilla por quién es usted y lo que ha recibido de la mano del Creador, en realidad no tiene opción excepto tomar esa responsabilidad. Su cuerpo no es algo extraño para usted. ¡Es la única «casa» en la que puede vivir!

ALINEACIÓN FÍSICA

No os engañéis; Dios no puede ser burlado: pues todo lo que el hombre sembrare, eso también segará. Porque el que siembra para su carne, de la carne segará corrupción; mas el que siembra para el Espíritu, del Espíritu segará vida eterna. No nos cansemos, pues, de hacer bien; porque a su tiempo segaremos, si no desmayamos.

— GÁLATAS 6:7-9

Usted puede ayudar a mantener el equilibrio físico en su cuerpo por medio de promover lo bueno y minimizar lo malo. Los costos del cuidado de la salud están incrementando de una manera desproporcionada con respecto a otros costos. Los últimos cien años han visto que las causas principales de muerte han cambiado de las consecuencias de un traumatismo e infección a enfermedades degenerativas como el cáncer y la arterioesclerosis, las cuales son mediadas por el estilo de vida y, por lo tanto, se pueden prevenir.[1] La obesidad ahora ha superado al cáncer como la primera causa de muerte que se puede prevenir en nuestro país. Las actitudes están comenzando a cambiar y los profesionales de la salud cada vez están más conscientes de que «los nutricionistas de hoy son los médicos del mañana».[2]

La medicina occidental como una disciplina es la práctica de la ciencia solo para efectuar una cura. Como mencioné, la *sanidad*, en contraste con la cura, tiene que ver con restaurar el equilibrio: cuerpo, alma y espíritu. La sanidad *autoasistida* indica el papel que los pacientes deben asumir con el fin de restaurar y mantener la plenitud en todo su ser. Muchos pacientes quieren que el médico tome el control, no solo de sus procesos de sanidad, sino en esencia de su destino, mientras permanecen pasivos a sus actividades y actitudes autodestructivas. La sanidad requiere que nosotros, como pacientes, no solo escuchemos el consejo de los médicos, sino que reconozcamos nuestra responsabilidad y papel en efectuar nuestra sanidad. Esta es una revelación magnífica que puede ayudarlo a cambiar su vida para mejor y asegurar que la cura del médico le brinde la sanidad y la plenitud que necesita.

PREVENCIÓN DE LA ENFERMEDAD

Una onza de prevención vale una libra de remedios.[3]

La familiar máxima de Benjamín Franklin siempre ha sido cierta, pero nunca más al punto que en nuestra era presente. Expresa los aspectos más poderosos de sus esfuerzos para ayudar en su propia sanidad: hábitos apropiados, generar equilibrio y conciencia y tomar decisiones sabias. La mayor aportación que podemos hacer a nuestra propia sanidad es hacer un compromiso con la *prevención* de la enfermedad y trabajar hacia ella.

¿Eso qué significa? Significa hacer de comer alimentos y bebidas saludables una necesidad; evitar alimentos y sustancias peligrosas o vacías de nutrientes; hacer del ejercicio regular un hábito; mantener relaciones florecientes y cultivar una actitud positiva. Y, sobre todo, en su mayoría significa permanecer en asombro de la maravillosa creación de Dios —su cuerpo— y respetarlo como su obra, protegerlo como sus administradores y permanecer fielmente agradecidos por ello. Eso solo puede ocurrir a medida que usted busque conocer a su Creador como su Salvador, Señor y Amigo íntimo. En esa relación, usted buscará cumplir con el propósito para el que fue diseñado. El amor de Dios lo llenará de actitudes positivas; lo guiará a relaciones florecientes; y provocará que desee un estilo de vida saludable.

SALUD Y PLENITUD

El estudio de la salud y la plenitud toca dimensiones más profundas de la vida que la mayoría de nosotros piensa. Aunque las palabras salud y plenitud son familiares para todos, la mayoría de nosotros comenzamos la jornada a la salud y la restauración muy lejos de haber sabido alguna vez lo que significa ser pleno en lo físico, mental, emocional y espiritual.[4] La plenitud no se puede definir por completo como una visita al médico, la introducción de una dieta de moda, abrazar cierta filosofía de ejercitación o cualquier otra disciplina por sí sola, ya que la salud total es multifactorial. Pero hay una respuesta sencilla para muchos, sino es que la mayoría de los problemas de salud; muchas veces puede cambiar el estado de su salud por medio de simplemente cambiar lo que ingresa al sistema.

Nutrición apropiada

Es claro que nuestra dieta occidental tiene algunos problemas serios asociados con ella. Cada año, organizaciones nacionales y agencias del gobierno emiten lineamientos dietéticos que parecen acercarse cada vez más a los lineamientos que Dios le dio a Moisés en el Antiguo Testamento hace miles de años. No es ningún accidente que la sabiduría de Dios para alimentarnos para una buena salud sea «confirmada» por los hallazgos científicos más recientes.[5]

La elección de la dieta es un aspecto vital de cómo protegernos a nosotros mismos. Necesita saber lo que requiere su cuerpo para estar sano, tener la disposición a seleccionar alimentos que promuevan la salud y la autodisciplina para negarse los alimentos que la dañan. Aunque no hay fórmulas mágicas, y lo que parece funcionar para algunas personas no funciona para otras, parece ser que los suplementos nutricionales como las vitaminas si brindan una adición saludable para mejorar una dieta sana.

Según algunos líderes en el campo médico, la mejor dieta es probablemente una dieta vegetariana. Esto es, una dieta alta en carbohidratos complejos y carente, de manera significativa, en cantidades sustanciales de grasa animal. No solo se limitan las grasas animales para mantener la salud, sino también los alimentos procesados, los cuales son tradicionalmente altos en sal y azúcar y las calorías vacías de las harinas blancas. Más allá de eso, la mayoría de nosotros estamos muy al tanto estos días de que sustancias como las drogas, los cigarrillos, el alcohol y la cafeína se deben evitar para promover la salud en nuestros tejidos. Asimismo deberíamos siempre beber mucha agua.

En la Biblia, la sangre es un símbolo de la salvación que Jesús llevó a cabo en la cruz. La sangre también es el asunto de vida esencial de nuestro cuerpo. Necesitamos mantener saludable nuestra sangre. Esto se logra por medio del equilibrio. La sangre no debe tender hacia su deficiencia (anemia) ni a su sobreabundancia (policitemia). Los tentadores dulces deben ser equilibrados con las vitaminas apropiadas y los nutrientes útiles. La moderación y el equilibrio son clave.

Ejercicio

Comience su sanidad autoasistida con ejercicio. Nuestro cuerpo y nuestra mente necesitan ejercicio. ¿Con cuánta frecuencia ha escuchado esto? Ahora se sabe que puede proteger mejor su cuerpo de la enfermedad con ejercicio. El ejercicio es un neuroprotector. Protege todas las conexiones importantes entre los sistemas de nuestro cuerpo. Yo solía correr al trabajo, doce millas (19.31 km) al día. Sin duda era un buen ejercicio para mí, pero quizá no el ejercicio más sabio. Hubiera sido mejor para mí hacer ejercicio por intervalos, utilizando cada componente de mi cuerpo, así como incluir días designados para descansar. Un programa equilibrado que incluya estiramientos, entrenamiento por intervalos, la utilización de todos los músculos y abundante descanso es el tipo que brinda el tan importante equilibrio.

Una sesión de ejercicio diaria necesita consistir en tres secciones: calentamiento, el ejercicio principal y enfriamiento. El calentamiento y el enfriamiento son aspectos importantes que se pasan por alto con frecuencia. Mientras que la mayor parte del «trabajo» se logra en el ejercicio principal, el calentamiento y enfriamiento ayudan a prevenir lesiones y estar adolorido y permiten un desempeño máximo. El entrenamiento de fuerza —con pesas— es tan importante como cualquier otro aspecto del entrenamiento. Al entrenar con peso, recuerde que realizar el rango completo de movimiento es vital, al igual que el orden de los ejercicios, la técnica apropiada y la respiración.

Desarrollar y mantener flexibilidad son elementos importantes en extremo para una salud total. La flexibilidad se reduce a partir de los quince años, pero se puede recuperar en cualquier edad con un poco de esfuerzo. Mejorar la flexibilidad exige una atención y paciencia concentradas. Esto se logra por medio de estirar los músculos y prestar atención a nuestra respiración al hacerlo.

Métodos complementarios

Estos métodos se aplican principalmente para nuestro uso cuando ya nos hemos enfermado. La palabra sanidad se puede encontrar vinculada con la práctica típica de la medicina y el cuidado de la salud, pero es aplicada de manera más común a lo que se ha llamado la «medicina alternativa». En su «encarnación» actual —métodos de sanidad reconocidos como adjuntos al cuidado tradicional basado en médicos—, quizá podrían ser etiquetados con mayor precisión como «medicina complementaria». El hilo dominante en las técnicas complementarias para la salud y la sanidad tiene que ver con una participación personal con iniciativa.

Este alejamiento de la medicina convencional podría indicar un poco de desilusión con los métodos convencionales, una expresión de mayor independencia y una preocupación creciente por métodos naturales que abarquen todo el organismo. Aun así, la medicina complementaria en fechas recientes ha evolucionado de una manera que indica su habilidad de *mejorar* más que de *reemplazar* la ciencia de la medicina moderna y convencional.

Algunas de estas técnicas podrían funcionar hasta cierto grado; otras no son sanas en términos científicos; otras son simplemente estafas para ganancia monetaria. Los métodos alternativos podrían parecer más sencillos de entender o por lo menos más accesibles y comprensibles para los sentidos de intuición del paciente, así como para su compromiso con cierto tipo de acción como medio para un fin. Entre más productivas sean las técnicas alternativas y mejor reputación tengan, deberían ser incluidas en el tratamiento del paciente como parte de su sanidad autoasistida.

LA SABIDURÍA DE DIOS PARA LA SALUD CONFIRMADA POR LA CIENCIA

Vivimos en una cultura que está sepultada en libros, ardides y dispositivos dirigidos a la dieta, la buena condición física y el bienestar. No obstante, en este capítulo ahora usted se encuentra al tanto de que tiene un papel personal que desempeñar para mantener la fuerza y vitalidad de su propio cuerpo. El cuerpo humano está equipado con un maravilloso sistema de defensa que es capaz de repeler y vencer casi cualquier enfermedad fuerte bajo circunstancias normales. Los estudios de investigaciones médicas están confirmando en cantidades y frecuencia crecientes que una dieta saludable y el ejercicio regular desempeñan un papel importante en la resistencia a largo plazo del cuerpo a las enfermedades debilitantes. Hay información más que suficiente para ayudar a asistirlo en su propio proceso de sanidad. Tome hoy la decisión de volverse un participante dispuesto y activo en su propia sanidad.

Lo que comemos y lo que hacemos con nuestro cuerpo a cada momento, lo altera a nivel molecular. Cada decisión que tomamos es un bloque en los cimientos de una buena vida para los días, años y décadas que vienen por delante. Por lo tanto, el atributo esencial de la sanidad autoasistida es la responsabilidad personal. Soy responsable por cómo me encuentro hoy; soy responsable por las elecciones que haga hoy; y, por lo tanto, soy responsable por cómo me encontraré «mañana». Se deben establecer metas razonables y asequibles. Debemos entender que el cambio puede ser lento; por lo cual, la paciencia lo colocará en una mejor posición para adaptarse. Debemos desarrollar hábitos para que no haya conflictos personales.

La sabiduría de Dios es el sendero a su salud y plenitud, el cual se encuentra pavimentado con elecciones y decisiones sabias.

CONCLUSIÓN

En cada aspecto de la vida, incluyendo la alimentación, las elecciones de estilo de vida y las relaciones humanas, mi primera responsabilidad es mi obediencia a la Palabra de Dios. Todo y todos en mi vida necesitan hacer fila detrás de esa fuente de verdad sólida como una roca que asegura mi salud y plenitud.[6]

La enfermedad es una experiencia de vida que compartimos unos con otros. Avanzando como ondas sobre la superficie de un estanque, los efectos de la enfermedad en una vida les dan pie a las demás vidas a su alrededor para un sufrimiento personal o vicario. Quizá usted mismo esté enfermo o puede estar viendo a su hermana, a su hijo o a su amigo sufriendo; en esa forma cada uno de ustedes participan del sufrimiento del otro.

El hecho de que usted haya elegido este libro con interés significa que ya está al tanto de que la experiencia de la enfermedad, la suya o de algún ser querido, no es fácil de enfrentar. Quizá lo haya encontrado inusualmente preocupante y perturbador de una manera profunda. Es doloroso; en muchas diferentes maneras y en varios niveles. No obstante, este sufrimiento también tiene mucho que enseñarnos.

En realidad, todos estamos emparentados unos con otros en cierto nivel como personas que viajan por esta vida juntos. Este ambiente humano en el que estamos incrustados se convierte en un aspecto integral de nuestra sanidad. Aunque parezca razonable o un punto obvio que pertenece a la salud y a la sanidad, con demasiada frecuencia es dejado de lado en las discusiones que promueven la plenitud para nuestra raza humana.

Como he mencionado, la cuestión de la sanidad enciende más que solo el cese del dolor. Nuestras experiencias más profundas de enfermedad nos pueden señalar más cerca de la verdad de quiénes somos como el diseño único de nuestro Creador. Es en los episodios más difíciles de nuestra vida que podemos aprender a ver y apreciar el diseño, plan y preocupación del Creador por nuestra existencia y prosperidad. Somos los beneficiarios de un don de vida que es de valor inestimable. Somos los recipientes de un diseño divino de por vida, con el potencial para la salud y la plenitud, así como un destino eterno envuelto dentro de las frágiles membranas de nuestras células.

La enfermedad es, lamentablemente, una vulnerabilidad inevitable del cuerpo humano. Durante momentos de enfermedad, un perdurable aprecio del precioso don de la vida de Dios y su deseo por una relación eterna con cada uno de nosotros exigirá que busquemos ayuda para restaurar la salud. Por medio de un agradecimiento genuino por su don de vida por parte de su Creador, con la consciencia de su necesidad por una salud restaurada, puede comenzar su búsqueda para hacer eso una realidad. El conocimiento colectivo que necesita para ayudarlo a encontrar su sendero a la plenitud incluirá médicos, enfermeras, investigadores, así como vecinos, familiares y su responsabilidad de sanidad autoasistida. En su gran amor por nosotros, Dios ha provisto todo lo que necesitamos para vivir una vida en una relación cercana con Él y aprender a caminar en salud y plenitud en su amor y sabiduría.

PREGUNTAS 🌿 DE DISCUSIÓN

Haga una lista con las medidas preventivas que usted incorpora en su estilo de vida para mantener la salud y la plenitud en su mente, cuerpo y espíritu.

_____

_____

_____

_____

Sin importar lo que haya hecho en el pasado, ¿qué pasos nuevos puede tomar para incorporar más decisiones saludables en su estilo de vida?

_____

_____

_____

_____

Escriba un versículo que lo ayudará a enfocarse en la importancia de tomar decisiones saludables.

_____

_____

_____

_____

CAPÍTULO 6

LA PRESCRIPCIÓN DE
DIOS PARA SU ALINEACIÓN

En los capítulos siguientes hablaremos de asuntos que tienen que ver con maneras en que su cuerpo, mente y espíritu se alinean con la prescripción de Dios para la salud y la plenitud. También consideraremos los obstáculos que quizá eviten que encuentre su sendero santo a la plenitud en cualquiera de esas áreas. El equilibrio y la alineación saludable con el propósito original del Creador para la vida de todo su ser requiere una travesía hacia una relación con Él; una que Él preparó para usted desde el principio. Ese viaje del corazón es el sendero más gratificante de la vida que jamás descubrirá. Y es el deseo de Dios atraerlo hacia esa travesía con Él por su gran amor por usted.

Juntos hemos meditado en la sabiduría de Dios en la creación, quien incrustó en el ADN de cada persona el patrón de alineación para la plenitud en su inteligente diseño. Consideramos la habilidad natural del cuerpo para conservar el equilibrio y restablecer ese equilibrio en ocasiones en cuando se pierde. Todas las reacciones apropiadas a las lesiones que se requieren para la sanidad física están fundadas en estos principios para sanidad incrustados dentro de su cuerpo.

Usted es un recipiente de este regalo divino de sanidad innata para su cuerpo de parte del Señor. Es su aprecio y respeto por su diseño, así como por el Diseñador, lo cual requiere que usted busque el sendero a la salud y la plenitud en su vida. Al hacer un compromiso personal para cuidar de manera constante de su cuerpo, quizá pueda en primer lugar prevenir desequilibrios y enfermedades. Este compromiso también tiene que ver con sus decisiones para hacer alteraciones significativas en el comportamiento personal, el cual podría haber generado una alteración en el equilibrio que lleva a un padecimiento o enfermedad.

En los capítulos anteriores también hablamos acerca de las ocasiones de desequilibrio y mala salud que requerirán la ayuda de los médicos. La vida biológica para un ser humano es increíblemente compleja. Por esa razón, la libertad de la enfermedad y el dolor no siempre se puede realizar sin algún tipo de intervención médica más allá de nuestros recursos y esfuerzos naturales. Cuando se encuentre en esa situación, necesita en oración confiar en los profesionales de la salud para discernir el proceso que el Creador desea para usted, el cual restaurará el equilibrio y la plenitud a su cuerpo.

Los médicos profesionales se encuentran preparados para emplear métodos de sanidad nacidos de la sabiduría descubierta por la ciencia en el diseño físico del Creador para la humanidad. Esta habilidad y comprensión con las cuales los médicos, investigadores, científicos de la salud y clínicos están dotados son el segundo regalo de Dios de sanidad para nosotros después de la sanidad innata incrustada en el cuerpo desde la Creación.

Para muchos de nosotros, esa fuente innata de sanidad por medio de las maravillas de nuestro cuerpo junto con nuestra administración atenta a ella para la prevención de la enfermedad comprende nuestra fuente principal de mantenimiento de la salud. De modo que si ataca una enfermedad, la cuidadosa ayuda de los expertos en medicina es nuestro siguiente recurso para la restauración de la salud. Sin embargo, tan útiles como son esos recursos para restaurar la salud, ¿agotan la definición de restauración a la plenitud y las posibilidades de ella? ¿Es toda la sanidad un evento físico que ocurre como resultado de estos recursos de sanidad?

Puesto de otro modo, ¿hay situaciones de pérdida de la salud que no se pueden resolver por medio de los recursos de los que hemos hablado? Quizá haya sufrido en su propia experiencia tortuosa con la enfermedad que su hermoso ser interno se haya retorcido con un dolor que ningún médico puede resolver. O, consideremos la tragedia de un padre que pierde a un hijo a causa de la leucemia. O ver a un amigo querido descender al foso del desaliento y la corrupción. Y, en el tema de la vida y la muerte, ¿cómo abordamos nuestra propia mortalidad de manera personal; nuestra comprensión de la eternidad? ¿Que dirección podemos escoger como un sendero para restaurar la alineación para la salud del cuerpo, la mente y el espíritu en estas y otras situaciones difíciles?

La gente es mucho más que bultos de tejidos físicos o un reflejo de los resultados de su labor y logros. No somos simplemente entidades físicas como el bacalao y los abetos. Somos seres físicos, mentales, emocionales y espirituales. Todos los aspectos del cuerpo humano excepcionalmente bien diseñado están integrados en un entero unificado que es de manera infinita mayor que la suma de sus partes. De hecho, observar la perfección y belleza de toda la persona refleja esta profunda realidad. Así pues, ¿de qué manera la enfermedad y la sanidad revelan alineación o la falta de ella, de forma consciente con su ser *interior*? ¿Su mente? ¿Sus emociones? ¿Su espíritu?

La unificación saludable de todos los elementos que componen nuestra humanidad requiere establecer equilibrio y comunicación entre el cuerpo, la mente, las emociones y el espíritu. La plenitud y el equilibrio en los niveles mentales y espirituales ha sido probado que afecta la capacidad de su cuerpo físico de sanar. Como un ser pensante, sensible, creado a la imagen de su Creador, tiene la profunda necesidad de alineación mental y espiritual cuando el equilibrio ha sido trastocado en esas áreas.

¿Qué se requiere para que esta sanidad y restauración de la mente y el espíritu se vuelva realidad? ¿Cuáles son las maneras en que puede buscar generar equilibrio dentro de sí mismo con el fin de ser sanado y de experimentar plenitud? ¿Cuál es la prescripción de Dios para su realineación interna que reestablecerá la salud?

La Palabra de Dios nos dice que necesitamos ser transformados en nuestro entendimiento a medida que nos alineamos con Cristo, recibirlo como nuestro Salvador con el fin de ser recipientes de todo lo que Él es. Se requiere una rendición total de nuestro ser a Dios para conectarse con esta integración de Dios en todo lo que somos: cuerpo, alma y espíritu. Necesitamos orar como Cristo en Getsemaní: «Pero no se haga mi voluntad, sino la tuya» (Lucas 22:42). Esta consagración total de su vida a Dios lo hace un recipiente santo, agradable y disponible de todo lo que Él es, incluyendo la «realineación» divina de su cuerpo, mente y espíritu a su diseño.

A medida que usted recibe el amor y perdón de Dios y entra en una jornada espiritual con Cristo, descubrirá una vida de sanidad continua —salud y plenitud— en lo espiritual, así como en lo físico. Dios nos hizo vivir en armonía con Él con el fin de que cada aspecto de nuestro ser more en plenitud. Es esta comunión con Dios, para la cual fue creado, lo que lo liberará a su salud divina. No solo en lo físico, sino en su ser interior se deleitará en su amor, aprenderá a reposar en su redención: su paz, gozo y justicia.

Cuando hablamos de la salud y la sanidad física, nos referíamos a mantener o volver a adquirir el equilibrio por medio de adherirnos a lineamientos que dicta el diseño del cuerpo. Para lograr esta plenitud física, se alinea con el propósito de Dios mediante aceptar la comisión de la administración de su templo en el que Él mora. Entonces, con respecto a la plenitud del corazón y la mente, nos referimos a la prosperidad que viene a su ser interior a medida que abraza los principios y preceptos espirituales por medio de los que se estableció la alineación con Dios en la Creación. A medida que su cuerpo, mente y espíritu entren en armonía con el diseño de Dios y su plan, la realineación se completará y la plenitud será restaurada.

Por ejemplo, para ser realineado en la mente con el diseño de Dios, debemos buscar tener «la mente de Cristo» (1 Corintios 2:16), permanecer positivo y esperanzado y regocijarse de manera constante con grandes sentimientos de agradecimiento. Para que se logre la realineación en lo espiritual, debemos permitir que el Espíritu Santo de Dios reine en cada aspecto de nuestro ser. Y por medio de enfocarnos en la vida eterna con Dios como nuestra prioridad en lugar de la existencia temporal en este mundo, seremos realineados con Dios y sus propósitos para nuestra vida (2 Corintios 4:16-18). En resumen, la sanidad interior es la sanidad de la mente y el espíritu por medio de realinearnos con la voluntad de Dios para nuestra vida. Cuando esto sucede nuestro cuerpo también es fortalecido por medio de esa armonía y la relación de corazón que estamos desarrollando con Cristo.

MENTE Y CUERPO; CUERPO Y MENTE

De manera intuitiva, estamos conscientes de que no estamos compuestos por porciones «divididas» de cuerpo, alma y espíritu: cada uno de estos aspectos de su ser están conectados de manera profunda, cada una parte de una singularidad, y por lo tanto, cada una influencia a las demás de forma profunda. No obstante, estas influencias son más profundas de lo que quizá sepa. La ciencia apenas ahora está dilucidando los detalles de la profundidad de las relaciones entre cuerpo, mente y espíritu. Por ejemplo, investigaciones recientes indican que el dolor emocional excita las mismas partes del cerebro con la misma fuerza que el dolor físico.

Como hemos dicho, algunas enfermedades sanan bajo las energías de los sistemas naturales del cuerpo. Algunos requieren intervención médica, mientras que la sanidad de otros se puede lograr mediante dieta, ejercicio y cambios en el estilo de vida. No obstante, otras enfermedades se pueden atribuir a los estados mentales y espirituales de uno. Las emociones, temores y ansiedades erróneas pueden matar. Solo la realineación de su ser interior puede ayudar para restaurar su bienestar general.

Numerosos estudios ahora han señalado la importante influencia de la conexión mente-cuerpo. Somos informados cada vez más acerca del papel de la depresión, soledad, infelicidad, temor y enojo en el desarrollo y prolongación de enfermedades como el cáncer, las cardiopatías, la diabetes y el asma.[1] La mente se refiere al conglomerado completo de funciones mentales «relacionadas con los pensamientos, los estados de ánimo y la conducta intencional. La mente es vista en lo general como derivación de las actividades del cerebro, pero exhibe propiedades emergentes, como la consciencia».[2]

Lo típico es que pensemos en la mente como centrada en el cerebro. La investigación científica indica que nuestros pensamientos y sentimientos influencian el cuerpo por medio de dos «canales» primarios, el sistema nervioso y el sistema circulatorio.[3] El cerebro, como el centro del sistema nervioso, envía y recibe impulsos eléctricos de cada parte del cuerpo. Puede mover un dedo del pie bajo las instrucciones del cerebro, y ese dedo también le «dice» a su cerebro, a usted mismo, cuando ha golpeado algo de manera dolorosa. De manera significativa, con terminaciones nerviosas en la médula ósea (el lugar de nacimiento de los leucocitos), el cerebro influencia el poderoso sistema inmune. Además, su cerebro es una glándula que secreta hormonas que afectan todo el sistema endócrino.

Simplemente, qué tan profunda es la conexión mente-cuerpo permanece siendo un tanto un misterio; no obstante, todo médico sabe acerca de la realidad del «efecto placebo». Un placebo es una sustancia virtualmente inútil (una píldora de azúcar digamos) que algunas veces se le administra a un paciente (normalmente en pruebas de nuevos medicamentos) bajo la presunción de que es una sustancia poderosa que mejorará de manera directa su condición. Los resultados de la administración de placebos han demostrado de hecho la mejora o «sanidad» en cantidades significativas desde un punto de vista estadístico de los pacientes. Asimismo, al enterarse de que su «medicina» no era lo que creían ser, algunos pacientes han experimentado un regreso a su enfermedad original. No hay explicación para esto fuera de la influencia de los pensamientos y los sentimientos sobre toda la persona. De seguro ha escuchado el adagio que dice: «Usted es lo que come». Usted también «es lo que piensa».

Las implicaciones son tan marcadas que algunos se refieren a ella como la «biología de la fe».[4] Este cruce entre el cuerpo, la mente y el espíritu tiene efectos dramáticos en nuestra salud general. Es en el cuerpo, con sus fortalezas y debilidades; el cerebro/mente con sus pensamientos, sentimientos y consciencia; y el espíritu con una confianza comprometida en Dios y comunión con Él, que la salud y la plenitud pueden ser por fin restauradas a toda su persona. Todo comenzó con la intención del amoroso corazón de Dios de crearnos a su imagen para convertirnos en hijos e hijas en Él para siempre.

SALUD MENTAL Y PLENITUD

Ha sido observado que la desesperanza genera imprudencia y temeridad; o, podríamos utilizar el término «desequilibrio». De modo que para disfrutar de salud mental, debemos tener equilibrio mediante la fe y la razón. Este equilibrio necesario para la salud mental se deriva de un entendimiento y aprecio de la sabiduría del Creador. Es a medida que cultivamos una relación íntima con Dios por medio de la fe en Cristo que obtenemos este aprecio por la sabiduría de Dios con respecto a nuestra vida.

Sin esa sabiduría, la gente puede buscar escapar de los difíciles desafíos de la vida y el dolor emocional por medio del uso de sustancias dañinas y la práctica de comportamientos perjudiciales. Ese retiro poco saludable a las compulsiones y adicciones autodestructivas con frecuencia es visto como un sustituto al reposo y alivio que Dios ofrece a cada persona que lo recibe en redención. Ese tipo de retirada falsa del sufrimiento de la vida es un grave error. Esos comportamientos erróneos solamente complican las cosas, dañan la salud y alienan más nuestro corazón de nosotros mismos, de nuestro Creador y de nuestro propósito divino.

Cuando enfrentamos síntomas o enfermedades mentales o emocionales, se nos hace entrega de algo que podría muy bien ser transformador en una variedad de formas. Pero, en un aspecto positivo, por medio de esa angustia se nos da el lujo de la oportunidad de contemplar nuestra vida y descubrir la transformación y el crecimiento emocional. Nos preguntamos: «¿Cómo le puedo encontrar el sentido a lo que sucede? ¿Cómo puedo permanecer esperanzado? ¿Cómo puedo vivir?». Cuando estamos débiles y la emoción negativa del temor se convierte en nuestro sentido principal, estas y otras preguntas, al dirigirlas a nuestro amoroso Padre celestial, pueden llevarnos a un entendimiento de su amor y propósito para nosotros que puede traer sanidad y plenitud a nuestro ser interior.

ESPERANZA Y PLENITUD

La biología desempeña un gran papel en el desarrollo de nuestra personalidad, así como los ambientes sociales a los que somos expuestos desde el nacimiento. No obstante, además, también tenemos decisiones personales que tomar. Por ejemplo, podemos escoger cómo enfrentamos nuestros desafíos en la vida, ya sea en una actitud de desaliento o mediante escoger vivir en esperanza. Debemos aprender a apreciar al Diseñador de la vida, nuestro diseño y decidir cómo nos relacionaremos con Él. Cuando aceptamos su invitación a volvernos sus hijos e hijas por medio del poder del Espíritu Santo y fe en Cristo, comienza a darnos verdadero entendimiento del centro de control de nuestra vida. En esa relación de amor divino, tenemos el poder de escoger esperanza sobre la hostilidad y todas las emociones negativas. Se ha demostrado que la oración y la fe en Dios son catalizadores para reducir los niveles de hostilidad y elevar los niveles de esperanza.

El Dr. James Avery trabaja con pacientes terminales: aquellos que están muriendo y no mejorarán. Cree que la esperanza no solo es una posibilidad real en los últimos días de uno, sino que también es una necesidad.[5] Es cierto, las esperanzas de los que enfrentan una muerte inminente difieren bastante de nosotros que todavía vivimos vidas saludables. Tienen la esperanza de una muerte pacífica, comparten las esperanzas de los seres queridos que quedan e incluso las esperanzas de sanidad en contra de las probabilidades; pero lo importante es que la esperanza florece en cada corazón y trae paz y reposo.

Es vital que comprendamos la inmensidad del poder de la esperanza. Como escribe Dutch Sheets: «La esperanza diferida es el resfriado común del alma, excepto que este virus puede matar».[6]

Nuestro Creador nos ha dotado con la capacidad interna de la esperanza; es parte de su diseño para la sanidad; debemos nutrirlo en nosotros mismos y alentarlo unos en los otros. El poder de la esperanza en el proceso de sanidad es tan importante como cualquier medicamento, tratamiento o nutriente.

Quizá esté familiarizado con el relato bíblico de José, el hijo del patriarca Jacob, quien fue traicionado por sus hermanos, vendido como esclavo y más tarde echado en prisión. Durante un hambre terrible, sus hermanos se encuentran con él como el gobernador de Egipto, a cargo de todo el alimento que necesitaban con desesperación. José lloró sobre sus hermanos y les dio la seguridad de que aunque habían pensado sus acciones para mal, «Dios lo encaminó a bien» para proveerles durante el hambre (Génesis 50:20). La perspectiva de José le permitió vivir en esperanza, porque sabía que solamente Dios puede hacer lo que es bueno para los que lo aman y confían en Él. Enfrentó años de dificultad sin perder la esperanza en su relación con Dios. Como seres humanos no podemos vivir sin esperanza, sin el sentido de que algo bueno puede resultar de nuestra tragedia más profunda. Hay muchas maneras en que incluso la enfermedad puede terminar de producir algo bueno en nuestra vida, a medida que nos sometemos a Dios incluso en nuestro tiempo difícil. Su habilidad para tener esperanza, para buscar el plan de Dios dentro de la dificultad, es la clave central para la sanidad y la restauración a la plenitud.

¿PUEDE LA ESPERANZA SER UNA CURA?

La fe le da sustancia a la esperanza (Hebreos 11:1). La esperanza es importante, pero a la esperanza le falta sustancia hasta que está arraigada en la fe, que significa ¡estar totalmente seguros de que confiamos en Él! La esperanza es la fe que habla en voz alta, y ahoga las voces de derrota. Un ejemplo se encuentra en Marcos 5:25-28, donde la mujer con el flujo de sangre dijo: «Si tocare tan solamente su manto, seré salva». La esperanza le dio la tenacidad de proseguir en fe. La Amplified Bible en inglés dice: «Porque seguía diciendo: Si tocare tan solamente su manto, seré salva».

La esperanza nace de una actitud de gratitud que le provoca tener una expectativa gozosa incluso si tiene que esperar la respuesta. Cuando está seguro del carácter de Dios, puede desarrollar un hábito de agradecimiento hacia Dios y los demás. Ese corazón agradecido lo pone en una disposición de ánimo para esperar recibir bendición y disfrutar la vida en el futuro. Por el contrario, el cinismo y la crítica aplastan la esperanza y la fe dentro del corazón. Quizá estén arraigados en algún resentimiento o amargura de los cuales la persona no se ha arrepentido. Esas actitudes negativas bloquearán su camino a la salud y evitarán que avance a la plenitud.

Sus palabras son «semillas» que traerán una cosecha. Las palabras de esperanza traerán una cosecha maravillosa a su propia vida. Y usted puede llenar de energía a otros con palabras de esperanza y aliento incluso en sus propios momentos de prueba. «La muerte y la vida están en poder de la lengua» (Proverbios 18:21). Sin importar cuales sean sus circunstancias, al rendir su vida a Dios, aprenda a reposar en el carácter de Dios; Él nunca falla.

La Biblia registra que Abraham tuvo «esperanza contra esperanza» cuando era viejo y ya no era capaz en lo físico de producir el heredero que Dios les había prometido a él y a su esposa, Sara (Romanos 4:18). No es natural en los seres humanos tener esperanza contra esperanza. De hecho, tal respuesta parece contraria a la cordura humana, pero una confianza incontenible en Dios siempre tiene recompensa (vea Romanos 4:13-25). La paz de Dios sobrepasa nuestro entendimiento y razonamiento humano (Filipenses 4:6-7). La fe gozosa fundada en la esperanza no puede ser explicada, pero está basada de manera resuelta en «la certeza (sustancia) de lo que se espera, la convicción (demostración) de lo que no se ve [todavía]» (Hebreos 11:1, NBLH, corchete añadido; vea también 1 Pedro 1:7-8). La esperanza nos libera de la red del razonamiento y nos hace avanzar en fe y confianza en Dios y su Palabra. La esperanza renueva nuestra mente.

Hebreos 6:18-19 nos dice que cuando vienen la decepción y la confusión, nuestra respuesta debe ser correr al Señor, no hundirnos en desaliento. La fidelidad de Dios en el pasado nos habilita para tener esperanza de nuevo y pasarles esta esperanza a otros. La esperanza es «una segura y firme ancla del alma» (v. 19).

Al recibir la Palabra de Dios por medio de la fe, la esperanza se levanta dentro de nosotros. Cuando la vivimos delante de los demás, como cartas vivientes, los que ven nuestro testimonio reciben su esperanza viva que da vida al igual que nosotros la recibimos por medio de leer las epístolas. ¡Su fe en Él mejorará cuando esté anclado en Él! En los momentos en los que vivimos, los cristianos anclados en la Roca, Cristo Jesús, podrán extender una mano de esperanza a los que estén aterrorizados por los eventos que con toda seguridad sucederán antes de que Jesús regrese.

Es la poderosa, viviente Palabra de Dios, aplicada por el poder del Espíritu Santo en el nombre de Jesús a cualquier situación lo que impulsa las promesas transformadoras de Dios. Siempre y cuando esté contento con una pizca de Dios, solo verá la vida desde el punto de vista de informes de enfermedad, escenarios de malas relaciones y circunstancias desesperanzadoras, y su alma estará atribulada como resultado. Pero cuando espera en Dios y su Palabra, lo transformará en un hombre o una mujer de fe. La Palabra de Dios cobra vida en usted cuando clama al Espíritu Santo de Dios para que despierte su espíritu y su alma a quién es Dios. Jeremías 32:17 nos recuerda: «Ni hay nada que sea difícil para ti». En ese corazón que está rendido a la verdad de la Palabra de Dios, la esperanza se *puede* convertir en una cura, mientras dice con el salmista:

> ¿Por qué te abates, oh alma mía, y te turbas dentro de mí?
> Espera en Dios; porque aún he de alabarle, salvación mía
> y Dios mío.
>
> — Salmos 42:5

PREGUNTAS 🌿 DE DISCUSIÓN

Describa a una persona o situación que le trajo esperanza. ¿Esa esperanza fue duradera o temporal?

_____

_____

_____

_____

¿Qué significa la *esperanza* para usted?

_____

_____

_____

_____

Escriba un pasaje que le recuerde la esperanza que tiene en Cristo.

_____

_____

_____

_____

CAPÍTULO 7

EL PAPEL DE LA FE EN LA PRESCRIPCIÓN DE DIOS

HAY EVIDENCIA CLÍNICA y se han conducido estudios formales que confirman la influencia positiva de una fe religiosa para la sanidad. Esto incluye los efectos positivos del compañerismo con otros creyentes y la asistencia a los servicios de adoración, así como de las actividades religiosas privadas como la oración diaria devocional y la oración intercesora (cuando los individuos oran por la sanidad de otras personas). Estos efectos son tan positivos que los profesionales de la salud han encontrado que la fe es difícil de ignorar.[1] Estos estudios de investigación han sido publicados en una variedad de revistas médicas.[2]

Las estadísticas reportadas por WebMD dan las siguientes indicaciones para personas que no asisten a la iglesia ni profesan una fe en Dios:

- Sus estancias promedio en el hospital son más largas que las estancias de los creyentes.

- Es varias veces más probable que mueran después de una cirugía.

- Tienen una tasa de mortalidad 40% más alta de cardiopatías y cáncer.

- Experimentan el doble de accidentes cerebrovasculares.[3]

En este capítulo consideraremos de cerca algunas de estas expresiones de fe religiosa que tienen el propósito de alentarlo a buscar la bendición de Dios y la sanidad en todo lo que hace.

ORACIÓN

¿Está alguno enfermo entre vosotros? Llame a los ancianos de la iglesia, y oren por él, ungiéndole con aceite en el nombre del Señor. Y la oración de fe salvará al enfermo, y el Señor lo levantará; y si hubiere cometido pecados, le serán perdonados.

— SANTIAGO 5:14-15

El estudio citado con más amplitud a la fecha sobre los efectos terapéuticos de la oración fue conducido por el Dr. Randolph Byrd del San Francisco Medical Center en 1988. El Dr. Byrd estudió la población de una unidad de cuidados intensivos cardiológicos (CCU, por sus siglas en inglés) para explorar dos preguntas:

1. ¿La oración intercesora al Dios judeocristiano tiene algún efecto en la condición médica del paciente y en su recuperación mientras está en el hospital?

2. ¿Cómo se caracterizan estos efectos, de estar presentes?[4]

En este estudio, 393 pacientes fueron asignados al azar a uno de dos grupos. Varios intercesores hicieron oración a Dios a favor de los pacientes del grupo 1. El grupo 2, el grupo de control, no recibió oraciones de nadie asociado con el estudio. La oración intercesora por cada miembro del primer grupo fue ejercida por de tres a siete intercesores a los que se les dieron el nombre del paciente, el diagnóstico e información sobre la condición general del paciente. Los intercesores seleccionados fueron cristianos nacidos de nuevo con vidas cristianas activas en su iglesia. Los 393 pacientes recibieron el mismo cuidado cardiaco de alta calidad en el hospital. La identidad de los individuos en cada grupo se mantuvo en secreto de los médicos que los atendían, de las enfermeras y de los pacientes mismos.

El Dr. Byrd registró los dramáticos resultados de su estudio estadístico acerca de la eficacia de la oración intercesora remota.

> El análisis de los eventos después de entrar al estudio mostró que el grupo por el que se oraba tuvo menos fallas cardiacas congestivas, requirieron menos diuréticos y terapia de antibióticos, tuvieron menos episodios de neumonía, menos paros cardiacos y fueron intubados y ventilados con menor frecuencia.[5]

El Dr. Byrd concluyó que con oración intercesora a Dios —desde la distancia y sin el conocimiento del beneficiario— «parecía haber un efecto y que el efecto se presumía era benéfico».[6]

En otro estudio de pacientes que sufrían de artritis reumatoide (AR), los autores reportaron que los individuos que recibieron oración intercesora en persona —oración con contacto directo entre el intercesor y el paciente— mostraron una mejoría significativa en su seguimiento un año después.[7] Los investigadores están de acuerdo en que se requieren mayores exploraciones con exámenes más detallados de posibles efectos placebo, así como de los «diferentes tipos y grados de creencias y prácticas religiosas». No obstante, su estudio ya sugiere que «la oración intercesora en persona puede ser un adjunto útil al cuidado médico estándar para ciertos pacientes con artritis reumatoide».[8]

La conclusión de este estudio es un punto importante. William Standish Reed, fundador de la fundación médica cristiana Christian Medical Foundation, cirujano, erudito y fuerte creyente, lo dejó en claro.

> Creo de manera implícita en el ministerio de sanidad de la Iglesia de Jesucristo. Sin embargo, creo que el ministerio debería ser utilizado en conjunto con los mejores métodos médicos y quirúrgicos, no como un substituto para los métodos científicos. Creo que con frecuencia la respuesta

a la oración de los que sufren de cáncer es el escalpelo del cirujano bien entrenado.[9]

Otros investigadores han observado efectos benéficos significativos de manera estadística con respecto a la inmersión en una práctica personal y privada de la fe cristiana. En un estudio, los investigadores buscaron revelar una relación entre las actividades religiosas privadas (meditación, oración o estudio bíblico) y una supervivencia mayor en ciertos grupos.[10] Al establecer controles de población y estado de salud, los investigadores reportaron que entre los adultos que eran residentes de una comunidad de edades entre 64–101 años «las personas sin discapacidades y con poca o ninguna actividad religiosa privada [...] era 63% más probable que murieran» a lo largo del periodo de seis años del estudio. «Incluso después de controlar el apoyo social y las conductas de salud, los investigadores encontraron que la falta de actividad religiosa privada continuaba con la predicción de un 47% de mayor riesgo de morir».[11]

Otro estudio hospitalario de 1999 de pacientes cardiacos en el St. Luke's Hospital de Kansas City, encontró que un grupo de pacientes que recibió oración diaria por parte de cristianos voluntarios tuvo «tiempos de recuperación más breves con menos complicaciones» que el grupo que no recibió oración. El Dr. William Harris, quien condujo el estudio, concluyó que «la oración puede ser un adjunto eficaz al cuidado médico estándar».[12]

El Dr. Larry Dossey comunica ese punto de una manera incluso más estridente. Él afirma que «si el tema del estudio [de Byrd] hubiera sido un nuevo medicamento, en lugar de la oración, habría sido considerado un avance médico. Hasta ese momento, la mayoría de los profesionales de la salud habían considerado la oración como algo lindo. No dolía mucho, pero con toda certeza no la consideraban un asunto de vida o muerte».[13]

Dossey señala con sabiduría que «cuando hablamos de oración hablamos de manifestaciones distantes de consciencia. Hablar de esta manera es romper cierto tipo de tabú. Podemos aceptar que el poder de la mente afecta los procesos corporales, pero hablar de ello de manera interpersonal —que mi consciencia puede tener un efecto en el de otra persona y en eventos— es un cambio de paradigma importante».[14]

Harold G. Koenig señala que el trabajo de otros ha indicado los posibles mecanismos de la acción o influencia de la religión en la salud; sobre la hipertensión en este caso. El efecto de la religión en la presión sanguínea es con mucha probabilidad una combinación de factores que incluye:

- La promoción de prácticas saludables de estilo de vida

- Efectos de afrontamiento de la práctica religiosa

- Efectos de apoyo social por la integración a una comunidad religiosa

- Psicodinámicas benéficas de ciertos sistemas de creencias y fe[15]

Cuando uno está desconcertado y desesperado por una respuesta en la vida, el Espíritu Santo puede guiarlo a orar «conforme a la voluntad de Dios» (Romanos 8:27). Jesús mismo nos enseñó a orar: «Venga tu reino. Hágase tu voluntad, como en el cielo, así también en la tierra» (Mateo 6:10). Cuando oramos conforme a la voluntad de Dios, sabemos que el cielo está de nuestro lado. Qué consuelo saber que cuando pedimos cualquier cosa conforme a la voluntad de Dios, Él nos oye y nos concede las peticiones que le hayamos hecho (1 Juan 5:14-15).

El apóstol Pablo nos exhorta: «Orad sin cesar» (1 Tesalonicenses 5:17). ¿Cómo es posible? Cuando se despierte en la noche, considérelo su amor por usted y no consecuencia del mundo y sus ansiedades. Piense de manera constante en su Redentor y en su relación con Él a medida que pasa el día. Mantenerse en contacto cercano con Dios lo ayudará cuando sucedan los momentos difíciles. Él se encuentra a solo una llamada de distancia.

Clama a mí, y yo te responderé, y te enseñaré cosas grandes y ocultas que tú no conoces.

— JEREMÍAS 33:3

Lo que yo llamo «oraciones de aliento» se han convertido en una verdadera bendición y en una manera refrescante de pasar el ocupado día de trabajo en nuestra clínica. Estas oraciones son peticiones breves y sencillas, que se dicen en un solo aliento. Pueden ser una frase de alabanza, gratitud o adoración. Pruebe sus propias oraciones de aliento; lo ayudarán a lidiar con las situaciones que se levanten en su día. Con certeza le recordarán la gracia continua de Dios en su vida diaria. Después de todo, es su mismo aliento el que le da y sostiene su vida.

Estas son algunas oraciones de aliento que puede usar a diario:

- «Padre, dame gentileza».

- «Trae sanidad a este paciente, Padre; guíame en mi parte».

- «Bendice a mis hijos, sus cónyuges y a mis nietos hoy, Padre».

- «Ayúdame a entender mejor tu verdad y a vivirla hoy».

- «Que viva para la unción, Padre; es la presencia del Santo».

Nuestro amigo, Ralph McIntosh, batalló con un ataque de síntomas molestos, incluyendo dolores en el pecho, durante algunos años, los cuales los médicos no podían definir lo suficientemente bien como para determinar el tratamiento correcto. En cierto punto fue hospitalizado y se le hicieron pruebas, pero todavía no había evidencia concluyente. Una debilidad resultante drenó tanto su fuerza que tenía problemas para subir las escaleras si no se impulsaba tirando de los pasamanos un paso a la vez. Sabía que algo estaba terriblemente mal, pero ninguna prueba señalaba el problema.

Un día mientras su esposa, Susan, estaba en el trabajo, en

desesperación se determinó a buscar la sanidad del Señor por su cuenta. Unió dos sillones en su sala de estar y se sentó para tener un tiempo de comunión enfocada con el Señor. Habló en voz alta: «Jesús, ¿me estoy muriendo? Si es así, me gustaría saberlo para poner las cosas en orden para mi esposa y mi familia». Durante un tiempo se sentó allí en espera de una respuesta. Luego sintió que estaba en la presencia del Señor Jesús teniendo comunión con Él persona a persona. Experimentó un asombroso momento espiritual con el Señor, y a partir de ese día en adelante Ralph comenzó a mejorar. Se fue la debilidad, y regresó su salud. Con la sanidad vino un propósito renovado y un llamado sobre su vida. Ese día recibió una sanidad interior y una comisión espiritual. Unos años después dejó su negocio como contratista y él y su esposa entraron al ministerio a tiempo completo.

Isaías tuvo la misma reacción en Isaías 6. Nuestra reacción a su gloriosa presencia es adoración seguida de una consciencia más profunda de nuestra necesidad de redención y la comisión de hablarles a otros de Él. Concluimos: «Heme aquí, envíame a mí» (Isaías 6:8).

COMUNIÓN

John Donne creía que ningún hombre es una isla. Muchos vivimos en ignorancia de esa sencilla y a la vez difícil verdad hasta que nos enfermamos. Está bien documentado que los lazos sociales llenos de vida son un elemento integral en la salud, la sanidad y la longevidad.[16] En St. Luke estamos muy conscientes de los efectos benéficos que acompañan a acercarse al paciente individual de una manera servicial, humana y amorosa.

Dios tiene buenas razones para mandarnos a tener comunión unos con otros. Hay algo acerca de «rozarse» con otras personas que evita que nos aislemos, en especial cuando batallamos con asuntos emocionales. Incluso los niños hoy parecen más centrados en ellos mismos de lo que eran hace años cuando dos, tres o más hermanos tenían que compartir una habitación. Su contacto continuo les enseñaba a ceder el uno al otro, disfrutarse y apreciarse e incluso cuidar de las necesidades de sus hermanos.

Ya sea una congregación, un club social, un gimnasio, un club de servicio, un puesto voluntario en un hospital, un club de libros o un grupo de apoyo de doce pasos, las relaciones brindan la práctica de mantenerse en contacto con los demás. Algunas de las personas más solitarias esperan que su teléfono o el timbre de su casa suene y se quejan porque nadie se interesa en ellos. Esa no es una perspectiva sana de cómo relacionarse con los demás. No solo es *su responsabilidad* acercarse a otros; de hecho es un privilegio estar involucrado en la vida de otras personas. Incluso si no es el tipo de persona «grupal», usted fue creado para comunicarse; y es esa interacción con los demás lo que lo ayuda a mantenerse sano.

Las relaciones saludables son importantes. La soledad mata; deberíamos evitarla como la plaga. Un grupo de psicólogos de la Universidad McGill tomó a un grupo de sobrevivientes a ataques cardíacos quienes habían sido dados de alta y los dividieron en dos grupos. Ambos grupos recibieron el mismo cuidado cardiaco excelente por parte de los cardiólogos y sus propios médicos familiares. No obstante, uno de los grupos también recibió llamadas telefónicas mensuales por parte de alguien en el equipo de investigación. Si el investigador que hacía la llamada telefónica percibía cualquier problema psicológico, una enfermera entrenada de manera especial era programada para visitar al paciente en casa. Solo ese pequeño contacto personal dio como resultado una reducción de 50% en la tasa de mortalidad de los pacientes después de un año en el grupo que recibió el cuidado de llamadas y visitas ocasionales.[17]

Investigadores de Stanford asignaron al azar a mujeres con metástasis de cáncer de mama para recibir el cuidado médico usual más un grupo semanal de apoyo diseñado para ayudarlas a manejar el estrés de su enfermedad. Las pacientes del grupo de apoyo vivieron el doble que las que no estaban en el programa. En UCLA (University of California, Los Angeles), los pacientes con megaloma maligno que participaron en solo seis sesiones de noventa minutos con un grupo de apoyo que también les brindó capacitación en relaciones, tuvo una reducción de 50% en la muerte de los pacientes y en la recurrencia de los síntomas al compararlos con el cuidado usual que los pacientes reciben. A lo largo de los seis años de este estudio, más del triple de los pacientes en el grupo que no recibió intervención murieron en comparación con el grupo que recibió apoyo.[18]

Todos necesitamos interacción con los demás. Nos hace olvidarnos de nosotros mismos cuando nos enfocamos en las necesidades de los demás. Dios nos hizo para necesitarnos unos a otros. Necesitamos oídos que nos escuchen, corazones afectuosos y debe ser una calle de dos vías con el fin de que una familia, una comunidad o una iglesia se componga de personas saludables y plenas en sus emociones.

Como cristianos se nos exhorta a que alentemos a los demás, oremos por otros, cantemos juntos y testifiquemos de lo que Dios hace en nuestra vida con el fin de edificar y desarrollar a los demás en amor cristiano. Su vida es enriquecida cuando se acerca a los demás y deja que se acerquen a usted. Vivimos en un mundo caído en el que el pecado y el dolor abundan. Muchas veces, sin que medie falta alguna nuestra, somos víctimas de «heridas del corazón». Cuando eso sucede, nuestra tendencia es retroceder, ensimismarnos y evitar relaciones cercanas. Pensamos: «Si la gente supiera esto o aquello de mí, no les agradaría y no querrían ser mis amigos». Este es un autoengaño que multiplicará exponencialmente nuestro dolor por medio de la soledad.

La comunión con los demás es una experiencia liberadora. Dios ha colocado dones y aspectos singulares de su naturaleza divina dentro de nosotros. Cuando convivimos con los demás podemos edificarlos con nuestra vida. El Cuerpo de Cristo estará completo un día cuando todos nosotros estemos juntos con Él en gloria. El orgullo es lo que evita que nos humillemos y reconozcamos que nos necesitamos. Dios nos hizo para necesitarnos unos a otros. Estamos incompletos apartados de los demás miembros del Cuerpo de Cristo.

LA MENTALIDAD «BIENAVENTURADA»

La alineación —la clave para la sanidad interior— en realidad tiene que ver con un abandono total a Dios y al Espíritu Santo quien reina dentro de su corazón y su mente. El Señor lo ha creado en una manera maravillosa; sin embargo, los muchos aspectos de su consciencia deben mantenerse bajo supervisión continua por su proximidad a Dios y su voluntad. Los pensamientos poco santos, destructivos y negativos proclaman que estamos atados más que liberados por el Espíritu Santo. Desarrollar la mentalidad «bienaventurada» de Dios es un paso importante hacia la verdadera alineación con su diseño y su deseo por usted. Alinearse con la voluntad de Dios por medio de adoptar una mentalidad bienaventurada nos permite experimentar la sanidad interior consecuente que cada uno de nosotros busca; ya sea que estemos al tanto de la necesidad o no.

Las actitudes mentales que producen salud mental son las que abrazamos a medida que nos alineamos con el Creador; y son delineadas de una manera más explícita en las bienaventuranzas que se encuentran en Mateo 5:3-12. Las cuales presentan lo que creo es el mejor resumen de la mentalidad bienaventurada de Dios, que es la mentalidad de la salud interna. Esa mentalidad produce una vida que se levanta en directa oposición a la vida producida bajo una carga de pecado.

La primera bienaventuranza dice: «Bienaventurados los pobres en espíritu, porque de ellos es el reino de los cielos» (Mateo 5:5). La humildad aparece en la lista como el primer requisito para tener al Espíritu de Dios dentro de nosotros. No obstante, con frecuencia nos preocupamos con egoísmo y orgullo. Nos interesa satisfacer lo que sentimos son nuestras necesidades. ¿Cómo seré herido? ¿Qué estará pensando esa persona de mí en este momento? ¿Cómo me hará ver esto? ¿Qué podré sacar de esto? La mentalidad descrita en las bienaventuranzas está centrada en Dios y en los demás; no en uno mismo. Es un espíritu de humildad y de servicio a Dios.

El tema de la humildad continúa en la segunda bienaventuranza, que pronuncia la bendición de Dios sobre los quebrantados de corazón: «Bienaventurados los que lloran, porque ellos recibirán consolación» (v. 4). Mateo describe a personas que conocen la gloria del arrepentimiento y el perdón como lo hizo David en el Salmo 51. El Salvador nos ha dicho que somos bienaventurados cuando lloramos porque seremos consolados en el seno de la Trinidad. La vida es temporal así que, por lo tanto, tiene que ver con sufrimiento, pero nuestra creciente relación con el Dios trino es para siempre. Independientemente de las circunstancias terrenales que debemos enfrentar, el toque sanador auténtico de Dios es eterno y siempre presente.

«Bienaventurados los mansos, porque ellos recibirán la tierra por heredad» (v. 5). La verdadera importancia de la mansedumbre está en aprender a someterse en verdad y permanecer en las enseñanzas del Señor. Los mansos son los que se alinean con sus instrucciones. A menos que lo sigamos y permanezcamos en sus enseñanzas, nunca tendremos algo en realidad.

La mansedumbre no es debilidad; es «fuerza bajo control». Sin la revelación y la obediencia a lo que el Señor nos pediría que hiciéramos seríamos peligrosos. Nuestra naturaleza algunas veces puede decirnos que nos impulsemos al éxito o que ejerzamos justicia sobre otro en nuestra propia fuerza. No obstante, la mansedumbre significa vivir bajo autoridad; la autoridad de Dios. Solo allí se puede encontrar verdadera justicia o éxito.

El orgullo nos destruirá. En nuestra independencia de Él no podemos heredar la porción de Dios para nosotros en esta vida o en los cielos nuevos y la Tierra nueva en la eternidad, pero cuando permanecemos en Él, heredamos la tierra.

«Bienaventurados los que tienen hambre y sed de justicia, porque ellos serán saciados» (v. 6). ¡Son los individuos que abrazan la actitud de esta cuarta bienaventuranza quienes son declarados felices y saciados! Un defecto humano básico que afecta a cada persona nacida es que estamos llenos de un deseo personal y estamos atados por él. Los deseos egoístas son como espinos que ahogan la Palabra de Dios en nuestra vida. La búsqueda vacía para saciar el deseo terrenal de manera inevitable permanece sin extinguir, meramente incrementando el anhelo por él. El deseo humano nunca puede ser satisfecho o cumplido. Es solamente a medida que tenemos hambre y sed de los caminos de Dios que encontraremos verdadera satisfacción. Vaya en pos de Dios y encontrará a Dios mismo en los senderos de la obediencia que le ha marcado en su Palabra.

La quinta bienaventuranza nos dice: «Bienaventurados los misericordiosos, porque ellos alcanzarán misericordia» (v. 7). Nadie está más cerca del corazón de Cristo mismo que un hombre (o mujer) misericordioso y perdonador, quien es paciente con los dolores y las deficiencias de los demás. El sendero a la sanidad interna propia se encuentra a medida que mostramos misericordia para alimentar y asistir en la sanidad de los demás. El corazón misericordioso carece de trazas de amargura y envidia y se distingue por una falta de disposición a guardar rencor o agravar la herida. Más bien, una mentalidad misericordiosa nos permite convertirnos en intercesores en lugar de acusadores, y cuenta como gloria dejar pasar una transgresión. Un alma así de feliz es el canal de gracia de Dios en un mundo lleno de odio.

La sexta bienaventuranza es dada como: «Bienaventurados los de limpio corazón, porque ellos verán a Dios» (v. 8). Esta es una fuente profunda de ánimo que lo mantendrá avanzando hacia la alineación durante esos tiempos difíciles cuando se encuentre tentado a tomar un sendero dañino. Contemplar el rostro gozoso de Dios enfocará su determinación para mantener puro su corazón. Si no mantenemos nuestros ojos en Dios, seremos dirigidos a esas cosas que terminan por profanarnos. El diablo siempre nos muestra la manzana, pero nunca el gusano escondido dentro que nos destruirá. Muchos hogares y matrimonios pacíficos han sido arruinados por un ojo que se desvió de Dios. Buscar —y ver— el rostro de Dios, en especial durante los tiempos de tentación, trae placeres espirituales que son infinitamente más satisfactorios que tratar de saciar un apetito terrenal. Una mente alineada conducirá a los dones espirituales, los cuales ennoblecen y fortalecen el alma.

Los «pacificadores» tienen esta dichosa bendición en la séptima bienaventuranza: «Bienaventurados los pacificadores, porque ellos serán llamados hijos de Dios» (v. 9). La sanidad de Dios se encuentra en el evangelio de reconciliación. Qué bendición es ser lo que Pablo llama «colaboradores de Dios» mientras buscamos unir corazones duros y amargados (1 Corintios 3:9). Bajo la bendición y el poder de Dios las personas se vuelven suaves y tiernas unas con otras. Tal dulce compañerismo es una evidencia maravillosa de que Dios puede cambiar la misma corrupción de un alma. Hacer la paz es una necesidad para experimentar la sanidad y la paz internas de Dios, y compartirlas.

La última bienaventuranza es pronunciada sobre los que son perseguidos por causa de la justicia. «Bienaventurados los que padecen persecución por causa de la justicia, porque de ellos es el reino de los cielos» (v. 10). Uno de los pesos más grandes de llevar para el espíritu humano es ser acusado falsamente. Es naturaleza humana defender de inmediato nuestro honor cuando es desafiado injustamente, al mismo tiempo de olvidar de manera conveniente las muchas veces en que estuvimos de hecho equivocados, pero que no fuimos sorprendidos ni expuestos. Tal vista y memoria selectivas nos lleva a defendernos con gran energía hasta casi cualquier límite. No obstante, sobrellevar con humildad una acusación falsa es seguir el ejemplo del Salvador. Podríamos ser odiados, perseguidos o lastimados por otros por hacer lo correcto a los ojos de Dios. Jesús nos dice que nos regocijemos y estemos muy alegres en estos casos porque nos recompensará de manera grande en el cielo.

Hay consuelo en la actitud de Dios hacia nosotros aquí. Este consuelo es el fundamento de todas las bienaventuranzas. Buscamos agradar a Dios y reposar en su redención, contentos de que conocemos a nuestro Dios y lo amamos y tenemos como objetivo agradarlo. Esta es la mentalidad bendecida en una vida alineada con Dios. Esta alineación mental lo libera de los patrones destructivos de pensamiento que arruinan su vida y sus relaciones, y lo distancian del Creador. En esta alineación usted puede experimentar una mentalidad libre para disfrutar la libertad que Dios ha diseñado que el alma experimente. Las bienaventuranzas delinean un escape de los patrones egoístas de pensamiento que aprisionan la mente y el corazón de manera natural.

Esta es otra clave importante a la libertad y la sanidad interior.

> Venid vosotros aparte a un lugar desierto, y descansad un poco.
>
> — MARCOS 6:31

Jesús les hizo esta invitación a sus discípulos para que buscaran un poco de descanso y refrigerio, un receso del ruido y el trabajo de la vida. Sin embargo, de manera inevitable, la multitud hambrienta en su espíritu los siguió a su retiro. Jesús, movido por compasión, le enseñó a la multitud entusiasta de más de cinco mil y los alimentó con dos pescados y cinco panes. Por fin, después de un largo día, se apartó de nuevo a la muy necesaria paz y solitud que no había podido encontrar, al irse solo al monte a orar (Marcos 6:46).

Si Jesús, el Hijo de Dios, requería tales tiempos de quietud, ¿cuánto más nosotros? Alimentar el espíritu con tiempos a solas apacibles es parte de su sanidad. Solo por medio de recargarse es que será capaz de ayudar y amar a otros cuando enfrente sus necesidades y exigencias. Necesita silencio para escuchar la voz de Dios.

En Jerusalén había un estanque muy especial donde «yacía una multitud de enfermos, ciegos, cojos y paralíticos, que esperaban el movimiento del agua» (Juan 5:3). El estanque de Betesda (literalmente casa de misericordia) atraía a los que buscaban sanidad. Brindaba aguas refrescantes para los que vivían en la parte central de la ciudad. Este estanque de Betesda era una gran misericordia para el pueblo de Jerusalén por sus poderes de sanidad y restauración por medio de la gracia de Dios.

La angustia y neurosis que sentimos con tanta profundidad en ocasiones emerge de haber pasado mucho tiempo demasiado enfocados en nosotros mismos. Tendemos a exagerar nuestras incomodidades en lugar de disfrutar paz y unción. Sumergirse en el estanque es deshacerse de toda su preocupación con el dolor y simplemente reposar en los brazos del Señor. Aquí es donde usted encuentra su sanidad física, mental y espiritual. Necesita establecer en su vida un lugar a solas o un estanque de sanidad en el cual reposar de manera regular en callada comunión con Dios en su Palabra y en oración.

La Palabra de Dios es una fuente profunda de reposo y restauración, porque es allí donde la fe y la gracia moran (vea el capítulo 10). Allí, bajo la mano soberana de Dios, se puede encontrar cada promesa de Dios suficiente para todas sus sanidades. Su lugar de reposo también podría incluir el lugar de oración, meditación y reflexión sobre la espléndida creación de Dios. Quizá una caminata sencilla en la playa o en las montañas es todo lo que necesita de vez en cuando para desacelerar, relajarse y reorientarse hacia el Señor.

Donde sea, asegúrese de encontrar un «lugar desierto» (Mr 6:31) que le brinde el lujo del reposo, de la calma y la quietud; su estanque de Betesda. Vivimos en un mundo de tentación, paranoia, confusión, caos y agitación. Si reposa en un lugar tranquilo, con el Señor como el objeto de su atención, usted triunfará. Si trata de manejar sus dificultades apartado de Él, fuera de alineación con su camino, fracasará. Los efectos de tal alineación espiritual en Dios son equivalentes a una sanidad; las pérdidas incurridas por dejar de lado esta alineación son eternas.

¿Cómo utiliza su tiempo libre? ¿Qué es lo que hace la mayoría de la gente en su tiempo fuera de las semanas de trabajo de cuarenta a sesenta horas? ¿Se sientan frente al televisor o salen con los muchachos? ¿Qué hace usted? Muchas actividades son significativas, y muchas más simplemente parecen significativas. A largo plazo, lo que juzga la actividad es si se fortaleció o se debilitó por medio de ella. El tiempo libre bien utilizado lo ayuda a entrar en condición física, mental y espiritual. El tiempo invertido de manera apropiada puede refrescarlo y enviarlo de vuelta a la vida, rejuvenecido.

Durante su tiempo libre, muchas personas se aburren, lo cual lleva con frecuencia a un estilo de vida centrado en ellos mismos, más que a la vida abundante. El estilo de vida centrado en uno mismo lleva por la corta y resbaladiza pendiente hacia la ceguera espiritual. En ese estado comenzará a preocuparse por todo en lugar de ofrecerle acciones de gracias al Creador por las bendiciones de esta vida. Haga un uso juicioso de su tiempo libre. En lugar de pensar de manera constante en usted mismo, considere las necesidades de los demás y las maneras en que puede convertirse en una ayuda, un amigo y de ánimo para otro. «Por tanto, no desmayamos; antes aunque este nuestro hombre exterior se va desgastando, el interior no obstante se renueva de día en día» (2 Corintios 4:16).

La vida abundante solo se puede experimentar después de haber aprendido a regocijarnos y estar agradecidos. «Regocijaos en el Señor siempre. Otra vez digo: ¡Regocijaos!» (Filipenses 4:4). No desperdicie su tiempo en esta vida; es su preparación a la eternidad. La Palabra le indica que: «Por nada estéis afanosos, sino sean conocidas vuestras peticiones delante de Dios en toda oración y ruego, con acción de gracias» (Filipenses 4:6). Esto es lo que es más importante: orar, meditar, apreciar y hacer. «Lo que aprendisteis y recibisteis y oísteis y visteis en mí, esto haced; y el Dios de paz estará con vosotros» (Filipenses 4:9). Tal mentalidad es aplicable a sus actividades veinticuatro horas al día. Simplemente escuchar lo que debe hacer o incluso entender lo que debe hacer es insuficiente. Se nos requiere hacer lo que Dios ha diseñado que hagamos... y que lo hagamos con un corazón agradecido.

El propósito de alinear su mente con los propósitos de Dios es ser restaurado a la plenitud y a experimentar la unción de Dios; esto es, su presencia y poder que viven dentro de usted. No podemos experimentar su presencia de esta manera sin pasar tiempos personales de quietud con Él.

PREGUNTAS 🌿 DE DISCUSIÓN

¿Su fe ha tenido un impacto positivo en su salud física? ¿Su salud mental?

_____

_____

_____

_____

¿Qué síntomas experimenta que podrían ser eliminados por fortalecer su fe?

_____

_____

_____

_____

¿Cuál es el primer paso que tomará hacia fortalecer su fe?

_____

_____

_____

_____

CAPÍTULO 8

OBSTÁCULOS A LA
ALINEACIÓN ESPIRITUAL

E N EL CAPÍTULO anterior vimos la necesidad de que el poder de la fe obre en nuestro corazón para ayudar a alinearnos de nuevo con Dios en lo espiritual. Como vimos, las bienaventuranzas que enseñó Jesús son una hermosa descripción de una instrucción poderosa de una vida alineada en lo espiritual con el corazón de Dios y su carácter de amor. En este capítulo continuaremos nuestra búsqueda del tema de la alineación espiritual por medio de la fe con el fin de reconocer cómo Dios ha brindado ayuda práctica para que recibamos la sanidad que necesitamos por medio de estar alineados en lo espiritual con Dios.

El Espíritu de Dios repetidamente ha enviado mensajeros fieles para enseñarnos cómo alinearnos en lo espiritual con nuestro Dios y Salvador. Sus voces «claman en el desierto» de las muchas otras voces que compiten por nuestra atención y lealtad, al igual que la voz de Juan el Bautista mientras preparaba el camino del Señor. «Dios es más glorificado en nosotros cuando estamos más satisfechos en Él», proclaman estos fieles expositores de la verdad de Dios.[1] Este también se entiende es el mensaje de los estudios de Jonathan Edwards, los cuales lo llevaron a concluir que debemos «… alinearnos con Dios con el fin de recibir gran gozo».[2] C. S. Lewis escribió que estar con Dios es como tener una aceleración dentro de nuestro corazón. Esta significativa aceleración es como Lewis definió el *gozo*.[3] Y es el mayor de todos los gozos. Sin este gozo como el fundamento de nuestra vida, todas las demás instancias y experiencias de supuesto gozo se evaporan en la nada.

Pablo le escribió una hermosa epístola a la antigua tribu francesa de Galacia en la que declaró:

> Con Cristo estoy juntamente crucificado, y ya no vivo yo, mas vive Cristo en mí; y lo que ahora vivo en la carne, lo vivo en la fe del Hijo de Dios, el cual me amó y se entregó a sí mismo por mí.
>
> — GÁLATAS 2:20

Los Gálatas, como nosotros, tendían a distraerse con otras cosas más allá de Cristo viviendo en ellos. Pablo les decía que «ahora Él vive en nosotros por fe y por su gracia. Que este sea su enfoque sobre todo lo demás». Más tarde en Gálatas 5:1, el apóstol nos da el gran imperativo del libro donde, en esencia, el Salvador dice: «Estad, pues, firmes en la libertad con que Cristo nos hizo libres, y no estéis otra vez sujetos al yugo de esclavitud». Aquí vemos la verdadera naturaleza de nuestra libertad. Es la libertad de amar por fe.

Esta libertad de amar por fe nos habilita para disfrutar la plenitud de Dios como se describe en Efesios 3:16-19. Allí escuchamos la oración del apóstol por todo el pueblo de Dios, la cual en efecto dice: «Para que os dé, conforme a las riquezas de su gloria, el ser fortalecidos con poder en el hombre interior por su Espíritu; para que habite Cristo por la fe en vuestros corazones, a fin de que, arraigados y cimentados en amor, seáis plenamente capaces de comprender con todos los santos cuál sea la anchura, la longitud, la profundidad y la altura, y de conocer el amor de Cristo, que excede a todo conocimiento, para que seáis llenos de toda la plenitud de Dios». Sus palabras expresan la disponibilidad del poder de Dios que vive en usted para fortalecerlo.

Cuando somos fortalecidos y llenos de la plenitud de Dios, somos sanados de las fuerzas negativas de temor, incredulidad y deseos destructivos. En gozo, libertad y fe su sanidad tiene el propósito de liberarnos para glorificar a Dios. Requiere nuestra cooperación para seguir su dirección para nuestra mente, pensamiento, conducta, estilo de vida y en nuestro espíritu; todo de una manera controlada e inspirada. Debemos ser alineados, al entendimiento y aprecio de la sabiduría de su creación evidente en toda vida. Una vez que reconozcamos la belleza y majestad en el diseño del Creador, el cual permitió que sesenta billones de células y doscientos tipos de tejido sofisticados emerjan de la información genética de un solo cigoto para formar nuestro cuerpo, glorificaremos al Creador. Solamente cuando aprendemos a apreciar a mayor plenitud su inteligencia, sabiduría y cuidado por la humanidad podemos comprender el propósito de la vida, la cual es ungida por Dios para darnos fuerza y sanidad.

Si está enfocado en el Señor puede evitar el inmenso impedimento a la realización y la satisfacción: el temor. Quizá sea sorprendente para usted descubrir que el temor es en su mayoría autogenerado. El hecho de que algunas personas tengan temor a la oscuridad mientras que otros la aman demuestra que nuestros temores son poco razonables. Aunque quizá no entendamos muchos de nuestros temores, podemos aprender a derrotarlos con fe en Dios y entendimiento de nuestro propósito ungido en la vida. Su obsesión con el temor puede ser reemplazado con enfocarse en el propósito ungido de Dios para su vida. Lo animo a asirse de esta promesa de Jesús para vencer sus temores: «Mis ovejas oyen mi voz, y yo las conozco, y me siguen» (Juan 10:27). Hay muchas soluciones a nuestros temores escritas en la Palabra de Dios, la cual nos dio para ayudarnos a alcanzar la plenitud que ordenó para nosotros.

OBSTÁCULOS PARA LA ALINEACIÓN

Anteriormente, hablamos de la clave a su sanidad interna dentro del marco de referencia de nuestra alineación con el Señor y sus principios santos que incluyen una «mentalidad bienaventurada». No obstante, hay muchos obstáculos que podría experimentar los cuales tratarán de impedir su alineación divina para la plenitud en Dios. Lamentablemente, algunos de estos obstáculos son internos, autoinducidos y muy persistentes. Estos obstáculos tienen la capacidad de dañar su bienestar, herir a otros y evitar la sanidad y la vida abundante que Cristo ofrece de venir a usted. Lo separan del Creador y lo ciegan a su plan para su presente y su futuro. La lista de estos obstáculos internos que sirven como autoengaños es larga y es probable que le sea familiar: egoísmo, autolástima, preocupación, temor, la necesidad de controlar a los demás, varias compulsiones y obsesiones. Hemos abordado algunas de estas mentalidades destructivas anteriormente. Veamos más a fondo su influencia destructiva sobre nuestra vida en un esfuerzo por traerlas bajo la luz de Dios donde perderán su poder sobre nosotros.

Orgullo

El orgullo es un obstáculo tremendo para obtener la mentalidad bienaventurada de plenitud en Dios. La Biblia tiene mucho que decir acerca del poder destructivo del orgullo. Un resultado terrible del orgullo se encuentra en esta afirmación bíblica: «El malo, por la altivez de su rostro, no busca a Dios; no hay Dios en ninguno de sus pensamientos» (Salmos 10:4). En pocas palabras, el orgullo evita que recibamos el amor de Dios y la plenitud que Él ha ordenado para nuestra vida.

El orgullo, más que ninguna otra cosa, nos ciega a las complejidades de la creación y al propósito especial de Dios para ella. Nuestros escotomas, o puntos ciegos, esconden de nosotros la irreductible complejidad, poder y sabiduría divinos en el diseño del cuerpo, la psique y el espíritu humanos, los cuales se originaron con un solo diminuto cigoto. Es el orgullo lo que ha permitido que la fría e indiferente teoría de la evolución obtenga preeminencia e influencia sobre generaciones de mentes. Es entonces el orgullo que evita que reconozcamos la majestad del Creador y que lo adoremos en asombro y aprecio como desea. Así que es el orgullo, más que ninguna otra cosa, lo que nos separa de la gracia de Dios, su plan y el significado y propósito para nuestra vida. Es entonces el orgullo lo que nos separa con la mayor de las habilidades de nuestra sanidad.

La raíz del orgullo es el egoísmo y la falta de disposición, mediante el temor y la arrogancia, a rendirse a la soberanía de Dios. El orgullo es pecado que se origina dentro del corazón. Para algunos, quizá surja de la confianza indebida en el mero conocimiento humano y las habilidades naturales (1 Corintios 8:1). Otros desarrollan sus escotomas mediante confiar en sí mismos como justos, un sentir de independencia o la estatura artificial generada por el poder y la riqueza.

El orgullo lo engañará —lo cegará— al mismo tiempo de dirigirlo a contiendas en sus relaciones, con lo que provocará que desarrolle un espíritu que critica y lastima. Sin embargo, lo más significativo es que el orgullo lo lleva a rechazar al Creador y la realidad de su Palabra. Esta mentalidad equivale a rehusarse a ver su mano en las maravillas de la naturaleza y el milagroso diseño para la vida y la salud. Sin un reconocimiento de Dios en adoración, quien es la fuente divina de sanidad, ¿cómo podremos experimentar su sanidad?

El orgullo desenfrenado nunca dará como resultado crecimiento personal, aprendizaje o sanidad. El orgullo solo puede dejarlo revolcándose en vergüenza, degradación y destrucción (Proverbios 11:2; 16:18; 29:23). Solo su corazón, diseñado y construido por el Creador para ser el asiento de su ser interior, tiene la capacidad de un entendimiento genuino y sabiduría. Solo su corazón puede permitir entrada al plan del Creador para su vida aquí y en la eternidad, y darle esta capacidad por el amor divino. Una vez que confronte el orgullo en su corazón y se arrepienta delante de Dios por ello, se sorprenderá de la sanidad que experimentará de manera personal a medida que comience a amar en verdad a sus semejantes. La forma en que responda a los demás y los ame es un reflejo bastante preciso de su alineación con Dios.

Un espíritu de crítica

En cierto punto de su vida, E. A. Seamands dejó su exitosa carrera como ingeniero para convertirse en misionero en la India, extrajo a su esposa de su ambiente refinado en los Estados Unidos y se establecieron en un país en desarrollo con un exiguo ingreso mensual de $100 dólares al mes. Ambos se embarcaron en una misión que no solo carecía de un piano o un coche, sino incluso de agua entubada y un sistema de plomería. Una vez en la India, la señora Seamands se quejaba de manera fuerte e incesante. De manera sorprendente, incluso sus colegas le sugirieron que haría bien en divorciarse de ella.

La paciente respuesta del Sr. Seamands a esto fue decir: «Me puedo divorciar de ella como ustedes sugieren, pero eso no sería lo que el Señor quiere que haga. Otra opción es que me puedo separar de ella y de sus quejas y seguir mi vida de la manera en que quiero vivir. O puedo orar de manera constante por ella y ser un intercesor en lugar de su acusador». Decidió convertirse en este intercesor y ayudar a su esposa en lugar de destruirla.

A través de este difícil periodo en sus vidas, el Sr. Seamands superó los desafíos que enfrentaron y se volvió más fuerte en su relación con Dios como resultado. A medida que oraba de manera constante por su esposa, ella también se fortaleció y se volvió más tolerante. Finalmente, el ministerio familiar floreció a través de las vidas de esta pareja. El amor del Sr. Seamands por su esposa y su esfuerzo para alinearse con el camino más exigente y más alto de Dios de interceder por ella vencieron sus actitudes de crítica y sus constantes disputas.

Es demasiado fácil sucumbir a la tentación de albergar un espíritu de crítica. Por lo tanto, es importante que usted enfrente las quejas y críticas de los demás de una manera apropiada. Es necesario interceder por ellos más que acusarlos. Las acusaciones no llevan a ningún lado, excepto al encono y al conflicto. El único resultado posible de la crítica amarga es relaciones rotas, división y dolor; no hay alineación de sanidad para plenitud que se pueda encontrar en dar lugar a la crítica.

La crítica de otro podría, al parecer, tener un propósito momentáneo, si lo hace sentir más inteligente o superior, pero el verdadero propósito se encuentra en alineación con el deseo de Dios de que usted ame, perdone y aprecie a otras personas. Por medio de hacer eso, encontrará un propósito en verdad ungido para su vida más que un espíritu de crítica que es un obstáculo para la plenitud. Pero aprender a amar, perdonar y apreciar a los demás requerirá que muera a sí mismo, y se consagre para convertirse en uno con el Señor. Solo a medida que usted aprenda a avanzar más allá del obstáculo de un espíritu de crítica encontrará sanidad para usted mismo, sus seres queridos y la humanidad.

Un espíritu de envidia

Una de nuestras batallas internas más intensas es contra un espíritu de envidia. Pocos estados emocionales internos tienen el mismo potencial de destruir y provocarle sufrimiento a usted mismo y a los que están a su alrededor como la envidia. Puede robarle su salud y bienestar. La influencia final y brutal de la envidia puede ser vista en el ejemplo de la primera familia del mundo. Dios vio con agrado a Abel y a su ofrenda de un cordero, pero no miró con agrado a Caín y su ofrenda de vegetales. Caín, consumido por la envidia y dominado por la ira mató a su propio hermano.

> Pesada es la piedra, y la arena pesa; mas la ira del necio es más pesada que ambas. Cruel es la ira, e impetuoso el furor; mas ¿quién podrá sostenerse delante de la envidia?
>
> — Proverbios 27:3-4

Es una tarea sencilla probar las repercusiones de la ira como destructora de la esperanza y de una comunicación amorosa, pero la envidia es un abismo, un peso abrumador. La *envidia* es una palabra fuerte que es caracterizada por el egoísmo. Representa el deseo de poseer lo que no le pertenece. La envidia es insaciable, nunca es satisfecha hasta que ha arruinado a la persona en la búsqueda vana por poseer. Una vez que se ha alcanzado la destrucción, por supuesto, el objeto del deseo ya no vale la pena poseerse.

Como Caín lo descubrió del modo difícil, no se resuelve nada por rendirse a la envidia en lugar de buscar alineación con Dios y sus caminos (vea Génesis capítulo 4). Un corazón envidioso está lleno de ansiedad y tensión que exigen ser liberadas, lo cual da como resultado enfermedad física, extremos emocionales, juicio deteriorado y la destrucción de la paz y el bienestar de otras personas. Tal obstáculo poderoso remueve toda posibilidad de que una persona tenga la necesaria alineación para sanidad. La envidia consume las energías del cuerpo, la mente y el corazón. El único resultado posible de la envidia no mitigada es la enfermedad, la crisis emocional y la muerte espiritual. El único camino para salir del poder de la envidia se encuentra en la dedicación decidida a realinearse con el Señor.

Una gran tentación para los que están con algún padecimiento, enfermos o en dolor es rendirse a la envidia de quienes disfrutan vitalidad y libertad física y mental. Este fenómeno triste no es inusual; no obstante, demuestra que una parte importante del proceso de sanidad incluye la erradicación de las emociones y fantasías negativas. La sanidad puede ocurrir solo en la ausencia de la envidia. La sanidad es, por lo tanto, en parte la ausencia de la envidia.

EL GRAN MÉDICO

Nuestra comprensión de la sanidad espiritual debe incluir el diagnóstico que da el Gran Médico en Mateo 9. Allí leemos que Jesús les dijo a estos fariseos gazmoños: «Los sanos no tienen necesidad de médico, sino los enfermos [...] no he venido a llamar a justos, sino a pecadores, al arrepentimiento» (Mateo 9:12-13). Jesús les dice con claridad que la salud espiritual tiene que ver con la necesidad de arrepentimiento. Los fariseos no creían necesitar las ministraciones del Gran Médico. Eran incapaces de experimentar la sanidad del alma porque no pensaban que necesitaban la cura celestial.

Es importante entender el contexto del estatus de los fariseos de la época de Jesús. Rodeados por una conformidad externa vacía a los rituales religiosos, estos líderes religiosos estaban inflados por un sentir de pensar de sí mismos como justos y por su estatus moral en la comunidad. No obstante, su corazón estaba lleno de contradicciones y maldad. Sufrían de orgullo excesivo y una actitud equivocada con respecto a una relación con Dios. Jesús destacó su hipocresía cuando afirmó que tenían la determinación de limpiar lo de fuera del vaso al mismo tiempo de dejar sucio el interior. Sin embargo, no sentían necesidad de la limpieza interna y la pureza que Jesús vino a dar.

Arrepentimiento

¿Por qué los fariseos no vieron que necesitaban arrepentimiento? ¿Lo vemos nosotros? Cada uno de nosotros hemos experimentado culpa por hacer lo malo. No obstante, ¿trata usted de compensar esa culpa con acciones externas que usted cree que son rectas y buenas como los fariseos con sus rituales religiosos? El arrepentimiento tiene que ver con volverse de su pecado al Salvador. Debemos recurrir a Él por perdón. Debemos recurrir a Él para que nos satisfaga. Debemos recurrir a Él para que nos renueve y nos sane. Cada creyente debe hacer estas cosas para experimentar la morada de Cristo dentro de ellos. El Hijo de Dios debe limpiar las aguas sucias y turbias de nuestra alma. Envía el Espíritu para hacer ríos de agua viva, que fluyen de lo más profundo de su ser (Juan 7:37-39). Pídale que le dé una nueva naturaleza; un nuevo corazón. Esta es la vida resucitada. Su sanidad comienza cuando usted se vuelve a Dios de todo su corazón. Es entonces cuando encuentra la sanidad del Gran Médico. «Y me buscaréis y me hallaréis, porque me buscaréis de todo vuestro corazón» (Jeremías 29:13).

El arrepentimiento siempre incluye una nueva obediencia a Dios. El apóstol Pablo nos llama a presentar todos los miembros de nuestros cuerpos y las facultades para ser engranadas en una vida de santidad (vea Romanos 6:19). Pedro les recuerda a los creyentes del Nuevo Testamento que lo que Dios dijo en la antigüedad todavía se nos aplica: «Sed santos, porque yo soy santo» (1 Pedro 1:16). Es interesante observar que las palabras (inglesas) *plenitud* y *santo* se derivan de la misma raíz: (1) En referencia a Dios la palabra *santo* significa digno de plena devoción; mientras que en los creyentes, habla de ser completamente dedicado a Dios. Las palabras originales tanto en hebreo como griego significan *apartado*. (2) Nos recuerdan que Dios está apartado de toda su creación y apartado del pecado, mientras que para los creyentes significa ser apartados para Dios como su Señor y porción en la vida.

Por eso la Biblia enseña que la verdadera plenitud se encuentra solo en la santidad. La verdadera felicidad se encuentra en la santidad. La sanidad espiritual se encuentra en santidad. Los caminos de Dios señalados para nosotros están diseñados para suplir todas nuestras necesidades. Detrás de cada mandamiento están el amor y la sabiduría del Padre. Por lo tanto, buscar nuestra sanidad espiritual siempre significará volver a alinearnos con la Palabra de Dios; ¡con Dios mismo!

El arrepentimiento nunca está separado de la fe. La fe es el acto de echarnos sobre Jesús. Él dice: «Venid a mí […] y yo os haré descansar» (Mateo 11:28). La fe es actuar sobre esa invitación. El escritor del libro de Hebreos lo describió como correr hacia Él. La fe es recibirlo como el Pan de Vida, nuestro Salvador, nuestro Libertador. Todo lo que necesitamos está en Él.

Dios nos llama a encontrar nuestra satisfacción en Él. ¿Ve su necesidad de perdón? Se encuentra por medio de mediar en su sufrimiento la pena por nuestro pecado en la cruz. «En quien tenemos redención por su sangre, el perdón de pecados según las riquezas de su gracia» (Efesios 1:7). ¿Necesita un nuevo corazón? Él es quien derrama el Espíritu desde el cielo para cambiar y mostrarle su necesidad de un Salvador.

Pedro describió esta poderosa obra de salvación por el Hijo de Dios el Día de Pentecostés cuando declaró: «Así que, exaltado por la diestra de Dios, y habiendo recibido del Padre la promesa del Espíritu Santo, ha derramado esto que vosotros veis y oís» (Hechos 2:33). ¿Necesita sanidad espiritual? Él es quien da el bálsamo de Galaad (Jeremías 8:22).

Cuando Dios nos reveló a su Hijo, dijo y todavía dice: «Este es mi Hijo amado, en quien tengo complacencia» (Mateo 3:17). La pregunta que usted debe hacerse es esta: «¿Estoy bien complacido de hacer de Jesús mi todo en todo?». Él promete ser todo lo que necesitamos para traernos al ámbito celestial. Al ver nuestro pecado con un ojo libre de obstrucciones y recurrir al Gran Médico por medio de rendirnos por completo a Él, tomamos nuestros primeros pasos hacia la salud y la sanidad espiritual. ¡Debe ser salvo para ser sano!

Salvación

La palabra traducida como *salvación* en el Nuevo Testamento proviene de la palabra griega *sozo*, definida de varias maneras como curado, recuperado, aliviado y restaurado, así como salvado. La salvación es nuestra sanidad y salud. Dos aspectos de la salvación hacen que sea así.

El primer aspecto crucial de la salvación es que fue lograda en la cruz y que debemos recibirla por fe. La salvación descansa en la imputación de la justicia de Cristo a nuestra cuenta. Esta justificación significa que Dios reconoce a todos los que creen en Cristo como su Salvador del pecado como justos. Esto es posible gracias a la obra de Jesús en la cruz. Él llevó el castigo debido por nuestros pecados, y ofreció su vida perfecta como un sacrificio para que pudiéramos recibir la justicia de su obediencia. Toda la salvación está basada en la muerte de Cristo porque nadie puede ser lo suficientemente bueno para ser salvado por sus propias obras. La Biblia es bastante enfática en esta verdad fundamental.

> …siendo justificados gratuitamente por su gracia, mediante la redención que es en Cristo Jesús.
> — Romanos 3:24

> Justificados, pues, por la fe, tenemos paz para con Dios por medio de nuestro Señor Jesucristo.
> — Romanos 5:1

> Al que no conoció pecado, por nosotros lo hizo pecado, para que nosotros fuésemos hechos justicia de Dios en él.
> — 2 Corintios 5:21

El segundo aspecto de la salvación es su manifestación. Debemos recibir salvación por fe en una manera que nos transforme hasta la médula. Muchos profesan creer; sin embargo, no son salvos. La verdadera fe y la salvación nos cambia de uno que está centrado en uno mismo a uno que está centrado en Dios y centrado en los demás. En obediencia a Dios debe haber un enfoque en nuestro cuidado y compasión por los demás, así como en nuestra pasión por Dios. Los dos grandes mandamientos que dio Dios son: amar a Dios con todo nuestro corazón y a nuestro prójimo como a nosotros mismos (Mateo 22:37-39).

La verdadera fe en Cristo que da como resultado nuestra salvación produce que vivamos una vida que se preocupa por los demás como Cristo. Descansar en su redención, buscar un discipulado al seguirlo y cuidar de los demás forman un cordón de tres dobleces de fuerza cristiana.

Primero el perdón

La sanidad máxima —física, mental, emocional y espiritual— no sucederá hasta que haya soltado cualquier resto de falta de perdón que su corazón albergue. Hasta que acepte en verdad el perdón de Dios y luego lo pase a otros por su perdón y aceptación en amor de los demás, no puede vivir al grado más pleno posible. La falta de perdón es uno de los principales obstáculos a su salud, sanidad y vida significativa. Vivir una vida de perdón se convierte en uno de los primeros ejercicios a realizar para la sanidad, renovación y comunión con el Creador.

El libro de R. T. Kendall *Perdón total* brinda la descripción definitiva de la importancia del perdón con el fin de disfrutar una vida plena y ungida.[4] El ejemplo provisto por la historia del Génesis del sufrimiento de José de traición, cárcel y difamación demuestra la fuerza y el carácter que se pueden forjar en un corazón perdonador. El perdón total es un principio bíblico que debemos abrazar. Ser capaz de ello en ocasiones podría parecer imposible. Sin embargo, perdonar los ataques que sufrimos a manos de los demás es una necesidad.

Dios nos exhorta: «Porque si perdonáis a los hombres sus ofensas, os perdonará también a vosotros vuestro Padre celestial; mas si no perdonáis a los hombres sus ofensas, tampoco vuestro Padre os perdonará vuestras ofensas» (Mateo 6:14-15). Para vivir en alineación con Dios —para encontrarnos cara a cara con el Creador— debemos ofrecer perdón total a todos los que nos han dañado o lastimado. Necesitamos poseer una disposición al gozo y a la risa que nos pueda ayudar a vencer y poseer un espíritu reconciliado, el cual está lleno de misericordia hacia otros, así como Dios es misericordioso con nosotros.

El perdón es una clave importante a la sanidad, porque la amargura corrompe y se rehúsa a la existencia de un corazón agradecido. Los rencores prominentes y los resentimientos pueden solamente causar o facilitar ira, enfermedad y abatimiento. La depresión y un ánimo de venganza que se emponzoña es el resultado de albergar falta de perdón, y lo arrastrará a uno al desaliento más oscuro. Un espíritu que esté atado de tal manera no podrá permitirle al Padre enseñar o al Espíritu Santo ungir. No hay sanidad, entonces, en un corazón lleno de la malicia y de la mala voluntad que surge de la falta de perdón.

Hay, por supuesto, una dimensión adicional de perdón en nuestra sanidad. Recibir perdón por nuestros propios errores, por las ofensas que hemos cometido delante de los ojos de Dios y a expensas de otros, es tan vital para la sanidad espiritual como ser capaces de perdonar a otros sus ofensas. El Dr. James Avery, un médico de enfermos terminales, señala la observación de que quienes están por morir, con frecuencia, tienen inmensos remordimientos que se revuelven alrededor de una falta de dar o recibir perdón. La falta de perdón es un peso espiritual inmenso, y no puede haber sanidad hasta que ese peso sea puesto a un lado. El Dr. Avery tiene una prescripción para las personas que batallan con falta de perdón durante el proceso de muerte, el cual tomó prestado de otro médico de enfermos terminales, Ira Byock. La prescripción es simplemente una lista de cinco cosas que le puede decir a los seres queridos:

- Por favor, perdóname.

- Te perdono.

- Gracias.

- Te amo.

- Adiós.[5]

La naturaleza humana es pecaminosa. Debemos buscar perdón de manera activa de aquellos a quienes hemos herido y, más, de Dios. El perdón es una precondición necesaria para la sanidad. La *noesis* del pecado —que es la manifestación mental del pecado— lleva a depresión y enfermedad. Estas sombras no solo evitan el proceso de sanidad, son la antítesis —lo opuesto— de cualquier sendero a la sanidad. La noesis del pecado y sus padecimientos internos solo pueden ser eliminados por una apelación a la gracia de Dios.

Después de la luna de miel

La sanidad es un proceso más que un evento, así que es un viaje continuo hacia Dios quien nos transforma y nos llena de sí mismo. Los cambios comienzan después del nuevo nacimiento y deben ser alimentados sin cesar. Como nuevo creyente —después de la luna de miel— aprenderá que hay mucho que hacer para crecer en semejanza a Cristo. Hay muchas áreas de la vida antigua a las que debe renunciar para vestirse de la nueva vida. Así como la salud se deteriora en la edad mediana por medio del descuido y los hábitos dañinos, la sanidad espiritual y la salud continua requieren vigilancia, diligencia y atención constante. Cada día de su vida usted tendrá una necesidad diaria y desesperada del Médico celestial. También tendrá una necesidad presente y apremiante de la unción del Espíritu para renovar e incrementar su salud espiritual. Esa realidad insiste en que encontremos maneras de esperar en Dios en oración y en su Palabra para recibir su gracia de manera continua.

Con frecuencia tenemos dificultades con la disciplina que esto exige. Si usted batalla con ser capaz de recibirlo o abrazarlo con todo su corazón, es simplemente porque es naturaleza humana que descanse en sus propios recursos en lugar de recurrir a Dios. Por esa naturaleza humana, usted sufre de puntos ciegos, obstrucciones, incredulidad, dureza de corazón, orgullo y la distracción de buscar su satisfacción en placeres terrenales. No obstante, Dios tiene una manera de humillarnos para traernos al lugar donde caemos en cuenta de que no hay nada más de qué asirse, sino de Él. Es doloroso caer en cuenta de que los padecimientos y las pruebas algunas veces logran traer claridad a su vida. Es alentador reconocer que la sanidad sucede cuando se vuelve de todo corazón a Dios y descansa en su redención.

Muchas veces es en sus pruebas y sí, por medio de enfermedades, que quizá se acerque más a Jesús. La vida de Joni Eareckson Tada es un testimonio resplandeciente de esta realidad dolorosamente gloriosa. Ha vivido confinada a una silla de ruedas como una cuadripléjica desde un terrible accidente al zambullirse en el agua en 1967. Aunque los cambios radicales en su vida fueron dolorosos de aceptar, en esa desolación inicial Joni le pidió a Dios que le mostrara cómo vivir. En los años posteriores a su accidente Joni ha logrado mucho para la gloria de Dios y así como ver a muchos otros conocer la salvación de Dios.

Joni es pintora, conferenciante, escritora, defensora de los discapacitados, columnista y esposa; es una hermosa persona llena de gozo. Fue por medio de sus desafíos inmensos que Joni buscó vivir más cerca de su Salvador dentro de su plan para ella. Ella sabe que por medio de poner nuestra confianza en Cristo, las preocupaciones del cuerpo se convierten en una prioridad menor. Como ella escribe: «La vida está intrincada e íntimamente ligada a Jesús. De hecho, Jesús es vida, como él mismo lo dice. Así que cuando consideramos una vida que valga la pena vivirse, no debemos buscarla en las circunstancias felices o dolorosas, la salud o incluso las relaciones. La vida está en Cristo».[6]

Durante tiempos de tranquilidad y abundancia, tendemos a sentirnos independientes y a recurrir a nuestros propios recursos y fuerza. No obstante, cuando la vida se vuelve difícil, nos presiona contra Jesús. En la dificultad, la crisis, el quebranto y el sufrimiento aprendemos a depender de Dios y su plan. Esto es sanidad.

«¿No es mi palabra como fuego, dice Jehová, y como martillo que quebranta la piedra?» (Jeremías 23:29). Dios envía su Espíritu y su Palabra para ser un martillo y un fuego para quebrantar nuestras obstrucciones a la fe. La afectación del alma es purgada por estas armas celestiales. Sin embargo, Dios nos atrae a sí mismo por la dulzura de sus promesas envueltas en el Señor Jesús: «Porque todas las promesas de Dios son en él Sí, y en él Amén, por medio de nosotros, para la gloria de Dios» (2 Corintios 1:20).

Una vez que conoce al Salvador su desafío será continuar en crecimiento y mantener su salud espiritual. Experimentará muchos ataques a su bienestar y cada uno es una prueba. Solo por medio de permanecer en Jesús continuaremos con llevar fruto espiritual; y vivir una vida saludable y fructífera.

REPOSAR EN EL SENO DE LA TRINIDAD

Para experimentar la prescripción de Dios para la salud y la plenitud necesita tener el toque sanador de cada persona de la Trinidad sobre su alma. El Dios trino —Padre, Hijo y Espíritu Santo— es Jehová Rappha, «el Señor nuestro sanador». Debemos aprender a descansar en el seno de sanidad de la Trinidad. Esa es la esencia de nuestra sanidad.

Con frecuencia comenzamos nuestra relación con el Gran Médico por medio de venir al Hijo de Dios como nuestro Salvador, el único que nos puede perdonar de nuestros pecados. Caemos en cuenta de que solo su muerte en la cruz puede remover el castigo por nuestros pecados y agraciarnos con la justicia de Dios. Conocer su perdón es extinguir la culpa que nos aqueja, así como remover la vergüenza y un sentir de rechazo. Sabemos que por ser perdonados somos limpiados y se nos da la bienvenida al trono de Dios.

No obstante, muchas personas llegan a un entendimiento de Dios como nuestro Padre, solamente después de encontrarse siguiendo a Cristo por un tiempo. Quizá haya cosas acerca de su crianza terrenal paterna que todavía le provoca dolor o escepticismo. Es probable que su percepción de un «padre» no sea positiva. Pero la Palabra de Dios ha puesto muy en claro que cada uno de nosotros todavía necesita paternidad divina de la mano de nuestro Padre celestial a lo largo de nuestra vida. Usted fue creado de tal manera que tiene un anhelo interno por Dios, la aceptación del Padre y su amor derramado. Incluso en medio de la enfermedad y el sufrimiento cuando siente sus limitaciones y discapacidades, se puede regocijar de que el corazón paternal de Dios ha diseñado la prueba que usted necesita para crecer en su gracia y descubrir nuevas profundidades de su amor. Él ha prometido hacer que todas las cosas ayuden a bien a los que lo aman (Romanos 8:28). Él es Dios, el Padre todopoderoso, y su soberanía le enseña a confiar en Él y a no tener temor. Puede echar sus ansiedades sobre Él porque usted sabe que tiene cuidado de usted (1 Pedro 5:7). Ningún hijo amado se sentirá más seguro o alentado que el creyente, el hijo de Dios perdonado quien sabe cómo reposar en la redención del corazón paternal de Dios.

Entre más viva la vida cristiana en este mundo tal como es, más aprenderá cuánto necesita al Espíritu Santo y cuánto su paz interna y sanidad dependen de aprender a depender de Él. El cristiano es llamado a servir a otros. El Señor Jesús no vino para ser servido, sino para servir. Está puesto de una manera tan sencilla para nosotros en Gálatas 6:2: «Sobrellevad los unos las cargas de los otros, y cumplid así la ley de Cristo». Lo mismo se encuentra en Gálatas 5:13: «Servíos por amor los unos a los otros». El Espíritu Santo lo guía a toda la verdad y lo conduce a servir a los demás con interés.

No obstante, a medida que sirve a los demás descubrirá que no siempre apreciarán sus esfuerzos. Habrá momentos en los que se sienta rechazado y necesite sanidad de las heridas que resultan de sus esfuerzos para servir, de modo que no se canse de hacer el bien (Gálatas 6:9). A medida que usted le ofrece su servicio solo a Dios como un sacrificio para agradarlo, será consolado por el

Espíritu Santo. Usted será victorioso a medida que aprende a vivir su vida para agradar a Dios. Él es su «audiencia de uno» que le aplaude y anima constantemente. Al vivir su vida para agradarlo, le mostrará también cómo servir a los demás.

En su servicio a los demás habrá momentos en los que sentirá el dolor de ver a otros persistir en conductas autodestructivas, lo cual los destruye a ellos mismos o a sus familias. No puede cambiar el corazón de otro si esa persona no desea cambiar. El Espíritu Santo es el poder de Dios quien, en respuesta a la oración, puede cambiar el corazón de piedra en un corazón de carne. Puede convertir el corazón endurecido y traer reconciliación cuando todos sus esfuerzos han fallado. A medida que aprenda a reposar en dependencia de la intervención del Espíritu Santo podrá perseverar en interceder por ellos a pesar del desánimo que pueda sentir. El Espíritu Santo trae sanidad al siervo de Dios abatido que siente que se ha invertido en vano.

El Espíritu también trae sanidad a su alma cuando cae en declive espiritual y parece estar lejos de Dios en un desierto seco. En momentos quizá tema que ha dejado su primer amor y que al parecer no puede volver a avivar la frescura primaveral de su comunión con el Salvador. El profeta Isaías dijo que cuando el Espíritu es derramado de lo alto, convierte el desierto en un campo fértil (Isaías 32:15). Derrama aguas sobre la tierra seca del sediento (Isaías 44:3). Nos vuelve a avivar para que nos podamos regocijar en Él (Salmos 85:6). La sanidad espiritual está disponible para cada verdadero hijo de Dios que esté afligido por su propio corazón reincidente el cual está insatisfecho con el cristianismo superficial y poco profundo.

La obra de sanidad del Espíritu Santo en su hombre interior es el maravilloso lado experiencial de la salvación. A medida que aprende a reposar en su redención, Él se convierte en usted en «una fuente de agua que salte para vida eterna» (Juan 4:14). Se convierte en un río de agua que fluye a través de su ser más profundo (Juan 7:37-39). El Espíritu de Dios lo llena, lo vuelve a avivar y lo renueva. Lo unge con su propia presencia generosa para darle una fe viva que ve esta vida a la luz de la eternidad. Aprenderá a vivir una vida marcada para la eternidad en el momento presente. Permanecer en Cristo es el primer y principal imperativo de su vida.

Su sanidad espiritual también depende de que encuentre su propósito ungido en una vida «centrada en Dios» y «centrada en los demás». Toda naturaleza humana tiende a estar aquejada de sentimientos de insignificancia e inutilidad. El antídoto a esos sentimientos es una consciencia del propósito ungido de Dios para su vida, el cual le es comunicado por el bendito Espíritu de Dios. Tener un propósito ungido de vida es una de las mayores recompensas de la vida con Dios en el aquí y el ahora.

Por medio de su naturaleza —el diseño de su corazón, su mente y el anhelo interno por comunión con su Creador— busca y es capaz de recibir sanidad interna. El doble don de Dios de la sanidad espiritual —perdón y una nueva vida— se encuentra en unión con Cristo mediante la cruz. Lo que da como resultado es un nuevo corazón, un propósito ungido, plenitud y vida eterna.

PREGUNTAS DE DISCUSIÓN

Mencione los obstáculos de su vida que han evitado que se alinee con la prescripción de Dios para la salud y la plenitud.

_____

_____

_____

_____

Haga una oración de arrepentimiento en este momento y pídale a Dios que lo ayude a remover esos obstáculos. Escriba cualquier cosa que sienta que Dios le dice mientras habla con Él en oración.

_____

_____

_____

Escriba una escritura que se aplique a su situación.

_____

_____

_____

_____

CAPÍTULO 9

LA PRESCRIPCIÓN DE DIOS
PARA SU NUEVO CORAZÓN

UANDO TIENE LA vida de Dios dentro de usted, lo cual se logra en su unión espiritual con el Hijo de Dios, podrá decir como Pablo: «Ya no vivo yo, mas vive Cristo en mí» (Gálatas 2:20). En su consagración a Cristo usted se convierte en participante de la naturaleza divina, según las Escrituras: «Como todas las cosas que pertenecen a la vida y a la piedad nos han sido dadas por su divino poder, mediante el conocimiento de aquel que nos llamó por su gloria y excelencia, por medio de las cuales nos ha dado preciosas y grandísimas promesas, para que por ellas *llegaseis a ser participantes de la naturaleza divina,* habiendo huido de la corrupción que hay en el mundo a causa de la concupiscencia» (2 Pedro 1:3-4, énfasis añadido).

Esa es una imagen de la vida redimida de Dios en el alma del hombre; ¡en su alma! Esta vida divina es llamada la simiente de Dios dentro de nosotros (1 Juan 3:9). Este maravilloso principio de nueva vida es permanente y estable; no duda ni se marchita. Es forjado en usted por el Espíritu Santo en el nuevo nacimiento (Juan 3:3). Las señales espirituales del alma regenerada contrastan de una manera marcada con el principio de la vida natural en la que andábamos previamente fuera de la redención de Cristo.

ESPIRITUAL CONTRA NATURAL

La vida natural existe solo en el plano de los sentidos. Las inclinaciones y tendencias que surgen de los sentidos existen en una amplia variedad de expresiones entre los humanos. Por ejemplo, algunas personas tienen fuertes inclinaciones religiosas. Quizá se interesen en cosas religiosas como resultado de su educación o porque tienen gratos recuerdos de su crianza. Otros pueden ser atraídos a la religión por curiosidad o a través de una participación intelectual. Algunos buscan la aprobación y la felicitación social que puede acompañar a la persona que practica una vida «religiosa». Y otros son motivados por el respeto que le tienen a cualidades del carácter cristiano genuino que han observado como la virtud, la justicia moral, la honestidad y la amabilidad con los demás.

Estas inclinaciones religiosas *naturales* no son malas en sí mismas; más bien, simplemente no se pueden confundir con la realidad *espiritual* de una persona redimida que vive en una genuina relación de corazón con Dios. La persona que ha rendido su vida a Cristo se convierte en participante de la naturaleza divina de Dios; su ser interior comienza a ser lleno de cualidades espirituales genuinas que caracterizan al amor divino de Dios. Y estas características de amor se reflejan en cada área de su vida y relaciones. La vida divina de Cristo dentro de nosotros se basa en la fe en Él, lo cual produce fructificación divina de las cuatro ramas del árbol de vida de Dios: amor por Dios, caridad a los hombres, pureza y humildad. Es Cristo quien provee el patrón para esta vida de Dios en el alma del hombre. En Él vemos todas estas cualidades divinas ejemplificadas; expresadas en su forma más clara y cristalina.

El Señor Jesús demostró su amor a Dios cuando caminó en la Tierra en su constante devoción, oración y comunión con Él. El fuego del deleite nunca se extinguió en Jesús, y el permaneció diligente en hacer la voluntad de su Padre, incluso hasta la muerte. Jesús nos muestra lo que es el verdadero amor a las personas en su caridad sin límites, su paciencia con sus enemigos y su autosacrificio máximo. Cristo permaneció puro, nunca se salió de alineación con su Padre para buscar placeres pecaminosos. Y con respecto a nuestra redención el Hijo de Dios enseñó: «Aprended de mí, que soy manso y humilde de corazón» (Mateo 11:29). Y demostró la realidad de su mansedumbre cuando se arrodilló a lavar los pies de sus discípulos después de la Última Cena (vea Juan 13:4-5).

Cuando descubrimos el carácter de Dios, descubrimos que es exactamente quien afirma ser. Nuestra profunda seguridad de eso es nuestra fe la cual da reposo al alma al traer el aspecto atemorizante de nuestra persona en alineación con Él, permitiendo que el alma crezca en un reflejo de su amor. Esta fe se origina al considerar la muerte de Jesús en la cruz, su perdón por nuestros pecados y su ejemplo de vivir en el amor de Dios en la Tierra.

El carácter de Dios será visto en su vida si usted en verdad ama a Dios y expresa su amor en oración y adoración. La adherencia a su voluntad sigue nuestra devoción como el verdadero deleite de nuestra alma. La adoración y el servicio a Dios se convierten en deleites de nuestro nuevo corazón. La humildad delante de Dios y otros se expresa en este principio de vida divino que fluye con libertad y que se mueve por sí mismo. Entonces el amor —la naturaleza divina de Dios expresada en nuestro amor por Dios y en amor por nuestros semejantes— es la cima y el cenit de nuestra nueva vida de reposar en su redención.

AMOR

Hay un intercambio de los afectos de su corazón en el amor. En ese intercambio usted es refrescado y lleno de vida por el gozo que Dios posee y el deleite que muestra en usted. El amor de Dios por usted excede por mucho el amor que le pueda ofrecer; sin embargo, incluso las lágrimas de arrepentimiento y su tristeza tienen una dulzura sagrada para Él cuando las derrama delante de su Amado divino. Una vez que su alma encuentra su satisfacción en Dios, entonces puede vivir a partir de la fuerza de esa felicidad, enfrentar todos los desafíos de la vida en el poder de su amor. En esa relación sagrada, usted es renovado y sanado.

Su amor por los demás se convierte en un desbordamiento de esta relación íntima de amor y deleite en Dios. Si comienza en el lugar equivocado y no busca amor y satisfacción en Dios primero, experimentará frustración perpetua, porque ningún ser humano puede producir esta satisfacción divina. Cuando Dios mismo es su primer amor y su porción principal, entonces usted encuentra gozo desbordante y amor dentro de su corazón y alma que canalizar a otros, independientemente de su agradecimiento o falta de él hacia usted. ¡Esta es la naturaleza divina de la que se ha vuelto participante!

Esta relación satisfactoria con Dios es la fuente de refrigerio para su vida espiritual y el pozo de donde debe extraer sus motivos para vivir. Cuando usted conoce la naturaleza y la realidad de su nueva vida y cómo nutrirla y revitalizarla en amor, sabrá cómo encontrar restauración y plenitud perpetuamente. Ha entrado en su realineación con Dios como Él tenía el propósito que usted disfrutara. ¡Esta es la salud del alma!

La esencia de ser sanado espiritualmente y vivir una nueva vida se encuentra en su retractación de amarse a sí mismo y en su entrega sin reservas hacia amar a Dios. El amor divino es su deleite en Dios mismo, más allá de los dones que Él prodiga sobre sus hijos. Cada uno de nosotros desea perdón y un escape del infierno al cielo. Pero incluso el cielo sin Jesús no sería redención para nuestra alma.

El amor de Dios dentro de nosotros no es una obra que hacemos. El amor es un reflejo del corazón recién nacido que responde a la belleza de Dios en Cristo. Una obra de amor se puede imitar, pero el reflejo de la devoción del corazón no. El amor se levanta de la parte más profunda del corazón para solazarse en la belleza de Dios en Cristo. Para amar a Dios en verdad, debemos deleitarnos en una relación íntima con Dios que satisfaga nuestro corazón por completo.

Amar a Dios es deleitarse en, aquilatar, saborear, atesorar, reverenciar y admirar a Dios mismo, más allá de cualquier regalo que Él da; incluyendo la vida y la salud. Cuando amamos a Dios en verdad con todo nuestro corazón, independientemente de nuestras peticiones y expectativas, por encima de nuestras propias necesidades, entonces encontraremos satisfacción, significado y propósito en la vida. Esa es la realineación que Jesús vino a restaurarnos por medio de su muerte en la cruz y su resurrección. Solo por recibir su perdón por nuestro pecado —la causa de todas nuestras desalineaciones— es que esta relación con Dios es hecha posible.

Amar a Dios pone nuestro corazón en un estado de asombro, contentamiento y tranquilidad personificados en nuestra relación con Él. Esta colocación íntima de nuestra persona a su lado descansa en el seno de la Trinidad. Es reposar en su redención. Es tenerlo en una relación de corazón tan profunda que no necesitamos nada más. Esa es la prescripción de Dios para su nuevo corazón

EL PROPÓSITO DE NUESTRA VIDA Y LA ETERNIDAD

La sanidad interior que se encuentra por medio de la vida redimida —la vida de Dios en nuestra alma— tiene su máxima expresión en el propósito ungido cumplido en nuestra vida en la Tierra. Hay una profunda riqueza asociada con un propósito ungido en su vida, porque tiene un impacto, no solo para ahora, sino para la eternidad.

El significado de la vida ungida se puede ver en la vida del rey David en el Antiguo Testamento.

David fue *ungido* por Dios a causa de su devoción por Él. En su juventud, había hecho de la cercanía con Dios su meta principal en la vida. Es llamado el «dulce cantor de Israel», ya que cantaba su devoción a Dios cuando solo era un pastorcillo. Cuando Israel fue desafiado por el enemigo, Goliat, y su nación, David declaró su lealtad a Dios y derrotó al gigante él solo a través de su fe en Dios. Como resultado de la devoción de David a Dios, se convirtió en el más grande rey de Israel. Y aunque no era perfecto, entendía como inclinarse en humildad y arrepentimiento delante de su Dios cuando pecaba.

La vida ungida significa pedirle a Dios que unja todo lo que usted hace más que tratar de vivir en sus propias fuerzas. Este abandono a Dios lleva a una epifanía de su propósito. La vida ungida es, en esencia, ser un cristiano real más que practicar una religión de manera superficial. Este significado eterno de la vida y su propósito en ella; este amor divino en la vida solo se encuentra cuando le pide unción a Dios —su prescripción para alinearse de nuevo— y recibir esa unción en Cristo. Entonces la vida tiene un propósito real: propósito eterno.

La unción de ese propósito divino hace que su vida en el presente sea más significativa, más productiva y más apasionada. Usted se desarrolla como una persona temerosa de Dios y logra en un grado mucho mayor lo que habría sido posible a partir de su propia fuerza natural sola, sin importar sus buenas intenciones.

Las Escrituras declaran esta trascendencia eterna hermosa a este propósito ungido de vida. Esta es la recompensa de una vida piadosa. La Escritura lo confirma.

> Pero sin fe es imposible agradar a Dios; porque es necesario que el que se acerca a Dios crea que le hay, y que es galardonador de los que le buscan.
>
> — Hebreos 11:6

> He aquí yo vengo pronto, y mi galardón conmigo, para recompensar a cada uno según sea su obra.
>
> — Apocalipsis 22:12

Su responsabilidad para esta realineación espiritual por medio de la prescripción de Dios es inmensa: su mentalidad ahora será su mentalidad en la eternidad. ¿En qué está enfocado? ¿Siente que tenga un propósito? ¿Es su vida significativa? ¿Lo será? Todo comienza con Jesús llamándolo en Mateo 11:28: «Venid a mí todos los que estáis trabajados y cargados, y yo os haré descansar».

El propósito de vida ungido en Cristo da significado hoy y para la eternidad. Todo lo que haga en vida será juzgado por el Señor cuando esté delante de Él en gloria. No solo lo habilita para vivir con fidelidad para Él aquí en la Tierra, sino que lo recompensará en el cielo por hacerlo. Su palabra describe con claridad el sendero que trae bendición y recompensa: «Me mostrarás la senda de la vida; en tu presencia hay plenitud de gozo; delicias a tu diestra para siempre» (Salmos 16:11). La ceguera espiritual evita que percibamos su mejor para nosotros. El Espíritu Santo es suyo, como creyente reconciliado con Cristo, y Él revela los diamantes de verdad divina que de otro modo estarían ocultos a medida que en oración escudriña las Escrituras para entendimiento. Todos los criterios para bendición y recompensa están presentes en la Palabra de Dios.

Los que rechacen al Señor en su vida serán juzgados y recibirán juicio eterno conforme a esa vida aquí en la Tierra. Los que han recibido a Jesús como su Señor y Salvador también serán juzgados por cada pensamiento, palabra, obra y acto realizado aquí en la Tierra. En el Nuevo Testamento Pablo entendió este juicio y exhortó a la iglesia a que viera la vida desde una perspectiva eterna. Los creyentes que tenían puntos ciegos espirituales con frecuencia se perdieron del desafío de Pablo, al igual que los discípulos cuando Jesús predicó el Sermón del Monte registrado en Mateo.

Pablo, bien consciente de la gracia de Dios, sabía lo que significaba ser presentado delante de una corte política judicial y ser juzgado por sus acciones. En la ciudad griega de Corinto, sus enemigos lo arrastraron a la corte por predicar el evangelio. Los eruditos piensan que una plataforma elevada de mármol, todavía visible hoy en las ruinas de Corinto fue el lugar donde fue juzgado el caso de Pablo. A la plataforma se le conocía como «bema», que es la palabra griega para tribunal. La bema representaba autoridad, justicia y recompensa. Más tarde, Pablo envió una carta a la iglesia de Corinto y les habló de otra «bema» —esta ubicada en el cielo—, el tribunal para los cristianos y el trono blanco para los no creyentes.

Como cristiano, usted será evaluado por cómo se comportó durante su tiempo aquí en la Tierra y será recompensado conforme a ello. La perspectiva espiritual para el creyente, su salud interna, se logra por un deseo eterno de vivir hoy con los valores de la eternidad a la vista. ¡Y el sistema de recompensas eternas de Dios es extravagante! (vea Mateo 11:21-22; 16:27; 23:14; Lucas 6:23; Juan 5:22; 2 Corintios 5:10; Apocalipsis 20:11, 15).

Donde pase la eternidad es determinado por donde ponga su

fe: en su fuerza natural o en Cristo. Las Escrituras declaran: «Cree en el Señor Jesucristo, y serás salvo, tú y tu casa» (Hechos 16:31).

Cómo pase la eternidad será determinado por su fidelidad; Mateo 25:23: «Su señor le respondió: "¡Hiciste bien, siervo bueno y fiel! Has sido fiel en lo poco; te pondré a cargo de mucho más. ¡Ven a compartir la felicidad de tu señor!"» (NVI).

Ser ungido por Dios es recibir significado, dirección y propósito que Dios señala, prepara, supervisa y revitaliza a lo largo de su jornada en la vida. Es la compenetración del Espíritu de Dios y el suyo. Por lo cual, usted es equipado de manera divina para que no sea dejado por su cuenta. Usted es infiltrado con el Altísimo para quien nada es imposible. La unción es Dios que dice: «¡Te he escogido y estaré contigo!». Nuestra realineación espiritual en Dios —nuestra sanidad y salud física y plenitud— derivan de la armonía, gozo, amplitud y propósito ungido que surge de la sola relación con Dios.

DOS PERSPECTIVAS ESPIRITUALES PENETRANTES

El Salvador revela muchas perspectivas penetrantes en el profundo centro de la vida que están registradas en los cuatro evangelios. Se refieren a la verdadera satisfacción y a la naturaleza de la sanidad divina de la que todos estamos en necesidad. Dos de estas perspectivas brindan un enfoque especial sobre el asunto de nuestra sanidad interna.

La primera perspectiva tiene que ver con lo que Jesús llamó «solo una cosa es necesaria»; es decir sentarse a sus pies y alimentarse de su Palabra y de su persona (vea Lucas 10:38-42). Mientras Marta trajinaba con los detalles de su hospitalidad para Jesús cuando fue a visitar su casa, su hermana, María, se sentó a los pies de Jesús y escuchaba su Palabra.

Marta estaba distraída con tanto servicio que se acercó a Él y le dijo: «Señor, ¿no te da cuidado que mi hermana me deje servir sola? Dile, pues, que me ayude» (v. 40). Jesús le respondió con una gentil exhortación: «Marta, Marta, afanada y turbada estás con muchas cosas. Pero sólo una cosa es necesaria; y María ha escogido la buena parte, la cual no le será quitada» (vv. 41-42).

Para que usted reciba la buena parte que el Gran Médico tiene reservada para usted, debe escoger esa «buena parte». Debe hacer que su enfoque sea sentarse a los pies de Jesús a diario y aprender de Él el gozo de su compañerismo, la sabiduría de su diseño para su vida y su propósito ungido para usted. ¿Con qué alimenta su alma, con la Palabra de Dios o sus propias preocupaciones? El Hijo de Dios nos habla de una manera bastante personal a cada uno de nosotros: «Escrito está: No sólo de pan vivirá el hombre, sino de toda palabra que sale de la boca de Dios» (Mateo 4:4). La pregunta que debe hacerse cada día es esta: «¿Voy a ser María hoy y me sentaré a los pies de Jesús, recibiéndolo, o seré una Marta distraída y afanada?».

Las acciones de Marta en el relato estaban fundadas en dependencia de sí misma y, por lo tanto, estaban llenas de frustración. La alternativa de María de comunión con su Señor y deleitarse en su presencia representa una vida llena de satisfacción y contentamiento. En contraste con la actividad que Marta esperaba sería generosa con sus invitados, la devoción de María a Jesús mismo genera un espíritu empapado del amor del Señor, lo cual nos brinda la mejor preparación para servir a los demás.

La segunda perspectiva derivada de un pasaje crucial en los Evangelios está fundada en Mateo en la parábola del tesoro escondido en un campo (Mateo 13:44). A través de esa parábola Jesús enseñó que nuestras tendencias de procurar una cosa tras la otra —en una inexorable búsqueda de satisfacción de nuestros deseos incesantes— de manera inevitable terminan en frustración y decepción. En la alegoría de Jesús, cierto hombre tropieza con un tesoro escondido en un campo. Sobrecogido de gozo *vendió todo lo que tenía* para poder comprar ese campo. Jesús es el tesoro escondido en el campo; debemos escogerlo a Él con pasión como lo único que vale la pena tener. Contaremos como gozo abandonar todo lo demás como la fuente de nuestro significado cuando encontramos nuestro todo en todo en Él. Siempre y cuando lo tengamos a Él, seremos ricos y llenos y satisfechos. ¡Si esto no es sanidad, entonces nada lo es!

Jesús es el Pastor que lo guiará a pastos verdes junto a aguas de reposo. Él es el Rey quien, por su poder, transforma sus decepciones en algo bueno (Romanos 8:28). Él es el Novio celestial quien lo llena con el amor del cielo. Él es el Capitán de su salvación quien lo conducirá a ser más que vencedor. Cuando Él sea suyo, usted puede decir, incluso en sus momentos más débiles, que Él es su fuerza. Jesús nos dice esto, como se lo dijo al apóstol Pablo: «Bástate mi gracia; porque mi poder se perfecciona en la debilidad» (2 Corintios 12:9). Que usted responda como el apóstol: «Por tanto, de buena gana me gloriaré más bien en mis debilidades, para que repose sobre mí el poder de Cristo [...] porque cuando soy débil, entonces soy fuerte» (2 Corintios 12:9-10). Por eso Pablo podía decir: «Pero por la gracia de Dios soy lo que soy; y su gracia no ha sido en vano para conmigo, antes he trabajado más que todos ellos; pero no yo, sino la gracia de Dios conmigo» (1 Corintios 15:10).

La gracia de Dios lo habilita para cumplir el propósito ungido de su vida. Incluso a medida que soporta sus experiencias de enfermedad y la falla de su salud, le mostrará cómo permitirle aplicar su prescripción para su realineación con el fin de restaurarlo a la sanidad y la salud. Pablo interpretó la disposición de vitalidad espiritual como: «Estad siempre gozosos. Orad sin cesar. Dad gracias en todo» (1 Tesalonicenses 5:16-18). Al vivir con tal actitud recibirá la gracia de Dios a diario, lo cual lo empodera para disfrutar la restauración de la salud de su alma. Reposar en verdad en su redención le trae paz; y la paz, es bienestar perfecto, todo lo bueno necesario, toda prosperidad espiritual y libertad de los temores y pasiones inquietantes y conflictos morales (2 Pedro 1:2). Cualquiera que pueda reclamar esa paz como una realidad en Dios es sanado y restaurado a su propósito eterno.

PREGUNTAS 🌿 DE DISCUSIÓN

¿Qué significa el *propósito* para usted?

....

....

....

....

¿Siente que sabe cuál es su propósito?

....

....

....

....

¿De qué manera conocer a Dios y su amor cambia el propósito de su vida y lo trae a un nuevo nivel de plenitud?

....

....

....

....

CAPÍTULO 10

EL PAPEL DE LA PALABRA DE DIOS EN LA PRESCRIPCIÓN DE DIOS

M UCHOS PASAJES DE la Escritura que tratan con sanidad y restauración nos señalan al poder de la Palabra de Dios para sanar. Esto es alentador porque tenemos en nuestras manos la Palabra de Dios y así podemos rogarle a Dios que cumpla sus promesas de sanidad en nosotros por fe y la obra de su Espíritu. Salomón aconseja que nos aferremos a la Palabra de Dios en nuestro corazón (Proverbios 3:1).

La misericordia y la verdad que Dios le infunde en la Palabra están diseñadas para obrar en usted una determinación espiritual que le llevará a: «Fíate de Jehová de todo tu corazón, y no te apoyes en tu propia prudencia. Reconócelo en todos tus caminos, y él enderezará tus veredas» (Proverbios 3:5-6). La verdad de Dios que se abraza y se vive por fe da como resultado salud: «Porque será medicina a tu cuerpo, y refrigerio para tus huesos» (Proverbios 3:8). La paráfrasis en inglés, The Message, presenta esa promesa como: «¡Su cuerpo brillará de salud, sus mismos huesos vibrarán de vida!». Los caminos que Dios marcó para usted en su Palabra, la misma Escritura dice que son: «Caminos deleitosos, y [...] paz. Ella es árbol de vida a los que de ella echan mano, y bienaventurados son los que la retienen» (Proverbios 3:17-18).

Abrazar la verdad de la Palabra de Dios activa en nuestra vida todo lo bueno, todo lo que honra a Dios y todo lo que le compete al verdadero gozo. Así es como encuentra la satisfacción, el contentamiento y el aprecio de Dios y sus dones y gozos creados. Al hacerlo, usted implementa el propósito al que Dios lo llama y conoce el cumplimiento de las promesas de Dios. Conocerá el gozo de servir a su esposa o esposo, familia y comunidad (Salmos 112). Al abrazar la verdad de Dios, usted conocerá el amor de Dios derramado en su corazón (Romanos 5:5). Conocerá cómo tratar con el temor: «No tendrá temor de malas noticias; su corazón está firme, confiado en Jehová» (Salmos 112:7; vea también Salmos 91:3-7). Conocerá cómo confiar en Dios en todo tiempo y derramar su corazón delante de Dios, en lugar de «preocuparse hasta enfermarse» como decimos (Salmos 62:8). Conocerá su necesidad de renovación diaria y cómo ser renovado: «¿No volverás a darnos vida, para que tu pueblo se regocije en ti?» (Salmos 85:6). Usted conoce la fuente de vida que se encuentra en la «ley del sabio» (¡la Biblia misma!) y en el temor del Señor (Proverbios 13:14; 14:27). Estos dos pasajes en Proverbios nos enseñan que Dios nos atenderá en nuestra seria búsqueda de su Palabra con lo que solamente puede ser llamado una «fuente de vida». Esta vida devocional da como resultado una vida renovada para disfrutar a diario la majestad de Dios en aprecio por todos los dones y llamados que descansan sobre nosotros en una vida con propósito ungido.

Justo como su cuerpo físico está integrado perfectamente dentro de sí mismo por el diseño del Creador, su vida espiritual está diseñada para ser integrada a la vida de otros creyentes. No es saludable vivir una vida solitaria y aislada. Proverbios 18:1 dice: «Su deseo busca el que se desvía, y se entremete en todo negocio». El creyente que conoce el poder sanador de la Palabra de Dios aplicada por su Espíritu a nuestra vida es una persona que tiene las cualidades que constituyen a un buen amigo, y así disfruta las bendiciones sanadoras de las amistades. «El ungüento y el perfume alegran el corazón, y el cordial consejo del amigo, al hombre» (Proverbios 27:9). La felicidad, hablando bíblicamente, es ser restaurado por medio de la sanidad de la Palabra; ¡abrazada, aplicada, engranada y vivida en la comunidad de creyentes!

La sanidad divina que proviene de la Palabra de Dios es descrita de manera hermosa en el libro de Nehemías. Los cautivos que volvieron de Babilonia se reunieron a escuchar la lectura y la explicación de la Palabra de Dios. El efecto de ese día era enseñarles que «el gozo de Jehová es vuestra fuerza» (Nehemías 8:10). Este mensaje del poder sanador de la Palabra de Dios se encuentra a lo largo de la Biblia. Hemos señalado antes la verdad registrada allí de que «el corazón alegre constituye buen remedio» (Proverbios 17:22).

Jeremías encontró que su fuente para un corazón alegre también provenía de abrazar la Palabra de Dios. «Fueron halladas tus palabras, y yo las comí; y tu palabra me fue por gozo y por alegría de mi corazón; porque tu nombre se invocó sobre mí, oh Jehová Dios de los ejércitos» (Jeremías 15:16). La Palabra de Dios fue la «medicina» que necesitaba Jeremías para enfrentar las difíciles pruebas de la invasión babilónica que venía y la destrucción de Jerusalén. Él conocía la realidad de la intervención de Dios en este tiempo de extremidad, el cual es descrito en Salmos 107:20: «Envió su palabra, y *los sanó*, y los libró de su ruina» (énfasis añadido). ¡Dios nos envía su Palabra! Con frecuencia somos sacudidos cuando la enfermedad llega a nuestro camino; nos desanimamos con facilidad y andamos con dificultades en una perspectiva desorientada de nosotros mismos.

Los alicaídos discípulos en el camino a Emaús desde Jerusalén después de la crucifixión de Jesús encontraron sanidad renovada por medio de la Palabra de Dios. El Jesús resucitado mismo se les acercó y no les permitió que lo reconocieran. Les preguntó por qué estaban tristes y «les declaraba en todas las Escrituras lo que de él decían» (Lucas 24:27). Más tarde reconocieron que era Jesús mismo quien había venido a su lado para reorientarlos —volver a alinearlos— con la Palabra de Dios. Cuando reflexionaron en esta experiencia, la resumieron así: «¿No ardía nuestro corazón en nosotros, mientras nos hablaba en el camino, y cuando nos abría las Escrituras?» (v. 32). Dios usó su Palabra para estimular el fuego de la fe de nuevo en ellos. En otras palabras: «¡Envió su Palabra y los sanó!».

Al igual que estos discípulos descorazonados que estaban enfermos del alma a causa del dolor por la muerte de Jesús, en sus tiempos de enfermedad usted necesita sentir de nuevo la consoladora presencia de Dios. Necesita ser hecho funcional de nuevo y esperanzado y útil para el Maestro. Es el poder de Dios que trabaja en su alma lo que trae sanidad al «padecimiento» de su enfermedad. Su mente, emociones y corazón necesitan la oposición de la fe y la esperanza para renovar de nuevo en usted la medicina para su cuerpo, y el refrigerio para sus huesos que Él le ha prometido. Sus manos, que cuelgan hacia abajo, son levantadas de nuevo en alabanza, y sus pies, que tienden a tropezar en caminos pedregosos y lastimarse, son puestos en el camino sólido al diseño de Dios para la sanidad. «Por lo cual, levantad las manos caídas y las rodillas paralizadas; y haced sendas derechas para vuestros pies, para que lo cojo no se salga del camino, sino que sea sanado» (Hebreos 12:12-13).

¡Cómo necesitamos ser sanados de nuestras reincidencias de dudar de la bondad de Dios y desesperarnos de su sabiduría y soberanía! Oseas nos llama a este compromiso renovado hacia el Dios vivo: «En ti el huérfano alcanzará misericordia. Yo sanaré su rebelión, los amaré de pura gracia» (Oseas 14:3-4). Cuando sus expectativas de salud y utilidad son puestas a un lado por la enfermedad, quizá diga con Salomón: «La esperanza que se demora enferma el corazón».

Pero continúa diciendo: «Pero el deseo cumplido es árbol de vida» (Proverbios 13:12, NBLH). Todos hemos conocido la diferencia entre la enfermedad del corazón de metas que nos decepcionaron y los padecimientos, pero ahora con las poderosas verdades que hemos aprendido en el diseño de Dios para la sanidad recurramos a Dios para que nos envíe la sanidad de su Palabra cuando enfrentamos cada padecimiento. Él será glorificado, y nosotros seremos bendecidos. Entonces encontraremos nuestros deseos recién santificados cumplidos como prometió.

Deléitate asimismo en Jehová, y él te concederá las
peticiones de tu corazón.

— Salmos 37:4

La oración es lo opuesto a la dependencia de uno mismo. El
gozo es lo opuesto de la autolástima. Un espíritu agradecido es
lo opuesto al cinismo. Estas disposiciones negativas son las cosas
que nos destruyen; el gozo, la oración y la gratitud son gracias que
nos vivifican y nos mantienen viviendo en la presencia de Dios
quien es su única fuente de paz duradera y satisfactoria. Cuando
este nuevo principio mora en usted, usted ve la necesidad y vani-
dad de la vida y entiende que todo está supeditado a la bondad y
la gracia divinas. Cuando su corazón es infundido con la vida de
Dios, usted observa una plenitud y equilibrio y entiende que el
amor y el gozo que experimenta hoy, y el aprecio que puede ofrecer en adoración ahora, son elementos en su vida eterna con Él.

Nuestra bendición hacia los que están en búsqueda del toque
sanador de Dios debería ser:

> Que la unción de Cristo y su gracia estén en usted, y
> que el amor del Cristo ungido quien vive en usted le
> dé paz. Amén.

La esencia de la prescripción de Dios para su sanidad y plenitud se vuelve una realidad para usted en su entrega sin reservas
al Salvador y al recibir todo lo que Él es para su vida —eterna-
mente— al cultivar una vida devocional que dé como resultado
que repose en su redención a diario. A medida que se vuelva a
alinear con el propósito de Dios para usted, establecido desde la
creación, y con su plan de redención para usted en Cristo, agrade-
cerá ser capaz de orar estas hermosas palabras del salmista:

Te alabaré; porque formidables, maravillosas son tus
obras; estoy maravillado, y mi alma lo sabe muy bien.
No fue encubierto de ti mi cuerpo, bien que en oculto
fui formado, y entretejido en lo más profundo de la tierra.

Mi embrión vieron tus ojos, y en tu libro estaban escritas todas aquellas cosas que fueron luego formadas, sin faltar una de ellas.

¡Cuán preciosos me son, oh Dios, tus pensamientos! ¡Cuán grande es la suma de ellos! [...]

Examíname, oh Dios, y conoce mi corazón; pruébame y conoce mis pensamientos; y ve si hay en mí camino de perversidad, y guíame en el camino eterno.

— Salmos 139:14-17, 23-24

Amén.

PREGUNTAS ❧ DE DISCUSIÓN

¿Con cuánta frecuencia ora y lee la Palabra de Dios?

....

....

....

....

¿Qué pasos tomará para hacer tiempo para hacer esto todos los días?

....

....

....

....

¿Cuáles son los cambios físicos y mentales que espera a medida que realiza esta parte de su vida diaria?

....

....

....

....

NOTAS

CAPÍTULO 2

1.   Edmund D. Pellegrino and David C. Thomasma, *Helping and Healing: Religious Commitment in Health Care* [Ayuda y sanidad: el compromiso religioso en el cuidado de la salud] (Washington, DC: Georgetown University Press, 1997), 20.

2.   Daniel E. Fountain, *God, Medicine & Miracles: The Spiritual Factor in Healing* [Dios, medicina y milagros: el factor espiritual en la sanidad] (Wheaton, IL: Harold Shaw Publishers, 1999), 39.

CAPÍTULO 3

1.   Ravi Zacharias, *Recapture the Wonder* (Nashville: Thomas Nelson, 2003), xv. Busque la edición en español: *Vuelva a maravillarse*, Casa Bautista de Publicaciones, 2006.

CAPÍTULO 4

1.   "Clinical Trial Results Suggest Recombinant DNA Gene Therapy is a Safe and Effective Treatment for Patients With 'Inoperable' Heart Disease," [Resultados clínicos de prueba sugieren que la terapia de recombinación genética de ADN es un tratamiento seguro y eficaz para pacientes con cardiopatías "inoperables"] Society of Thoracic Surgeons [Sociedad de Cirujanos Torácicos], consultado el 15 de febrero de 2019, https://web.archive.org/web/20030624035521/www.ctsnet.org/doc/3148.

2.   Pellegrino and Thomasma, *Helping and Healing*, 88.

3.   S. Kay Toombs, *Handbook of Phenomenology and Medicine* [Manual de fenomenología y medicina] (Dordrecht, The Netherlands: Kluwer Academic Publishers, 2001), 123.

4.   Toombs, *Handbook of Phenomenology and Medicine*, 117.

CAPÍTULO 5

1.   Charles Lasley, *120 Years of Longevity* [120 años de longevidad] (Publicado por él mismo, 2000).

2.   Richard Steiner, "An Ounce of Prevention" [Una onza de prevención], Pro Health International, consultado el 15 de febrero de 2019, https://web.archive.org/web/20030410083532/www.geocities.com/b_sherback/matol_update7.htm.

3.   Citado en «In case of fire» [En caso de incendio], Independence Hall Association, consultado el 15 de febrero de 2019, http://www.ushistory.org/franklin/philadelphia/fire.htm

4.   Terry Dorian, *Total Health and Restoration* [Salud y restauración totales] (Lake Mary, FL: Siloam, 2002), 137.

5.   Ted Broer, *Maximum Energy* [Energía máxima] (Lake Mary, FL: Siloam, 2006), 12.

6.   Broer, *Maximum Energy*, 14.

CAPÍTULO 6

1.   Vea, por ejemplo: Chris Woolston, "Illness: The Mind-Body Connection" [Enfermedad: la conexión mente-cuerpo], *Lifestyle and Wellness* [Estilo de vida y bienestar], actualizado el 6 de marzo de 2003, https://web.archive.org/web/20030802180339/http://blueprint.bluecrossmn.com/topic/depills; "Breast Cancer and Depression" [Cáncer de mama y depresión] *Artemis*—Artículo principal, noviembre 2000, www.hopkinsbreastcenter.org/artemis/200011/feature7.html; y Chris Woolston, "Depression and Heart Disease" [Depresión y cardiopatías], *Ills & Conditions* [Enfermedades y condiciones], actualizado el 26 de marzo de 2003, https://web.archive.org/web/20030415213655/http://blueprint.bluecrossmn.com/topic/depheart.

2.   "Mental Health: A Report of the Surgeon General" [Salud mental: un informe del cirujano general], US Public Health Service [Servicio de Salud Pública de los EE. UU.], 1999, capítulo 1, https://web.archive.org/web/20000303220041/www.surgeongeneral.gov/Library/MentalHealth/chapter1/sec1.html#mind_body.

3.   William Collinge, "Mind/Body Medicine: The Dance of Soma and Psyche" [Medicina mente/cuerpo: la danza entre soma y psique], HealthWorld Online, consultado el 15 de febrero de 2019, http://www.healthy.net/Health/Article/Mind_Body_Medicine/1949.

4.   Andrew B. Newberg, Eugene G. D'Aquili, and Vince Rause, *Why God Won't Go Away: Brain Science and the Biology of Belief*

[Porqué Dios no se irá: la ciencia del cerebro y la biología de la fe] (New York: Ballantine Books, 2002).

5.   James A. Avery, "The 'H' in Hospice Stands for Hope" [La "E" de enfermo terminal significa esperanza] *Today's Christian Doctor* [El médico cristiano de hoy] (Verano 2003), 24-27.

6.   Dutch Sheets, *Tell Your Heart to Beat Again* (Ventura, CA: Gospel Light, 2002), 20. Busque la versión en español: *Dígale a su corazón que palpite de nuevo* (Lake Mary, FL: Casa Creación, 2003).

CAPÍTULO 7

1.   Usha Lee McFarling, "Doctors Find Power of Faith Hard to Ignore" [Los médicos encuentran el poder de la fe difícil de ignorar], *The Tennessean*, 23 de diciembre de 1998, www.tennessean.com/health/stories.98/trends1223.htm.

2.   Los estudios incluyen los títulos siguientes: «Religión y presión sanguínea», «Asistencia religiosa y supervivencia», y «Religión y la función inmune». Consulte H. G. Koenig, et al., "The Relationship Between Religious Activities and Blood Pressure in Older Adults" [La relación entre las actividades religiosas y la presión sanguínea en los adultos mayores], *International Journal of Psychiatry in Medicine* [Revista Internacional de Psiquiatría en Medicina], 28 (1998): 189-213, https://web.archive.org/web/20031018090803/http://www.dukespiritualityandhealth.org/pastreports.html.

3.   H. G. Koenig, et al., "Does Religious Attendance Prolong Survival?" [¿La asistencia a reuniones religiosas prolonga la supervivencia?], *Journal of Gerontology: Medical Sciences* [Revista de Gerontología: Ciencias Médicas], 54A(7) (1999): M370-M376, https://web.archive.org/web/20031018090803/http://www.dukespiritualityandhealth.org/pastreports.html.

4.   Randolph C. Byrd, "Positive Therapeutic Effects of Intercessory Prayer in a Coronary Care Unit Population" [Efectos terapéuticos positivos de la oración intercesora en una población de la Unidad de Terapia Intensiva de Cardiología] *Southern Medical Journal* [Revista Médica Sureña], 81 (1998): 826-829, http://www.godandscience.org/apologetics/smj.html.

5.   Byrd, "Positive Therapeutic Effects of Intercessory Prayer in a Coronary Care Unit Population."

6.   Byrd, "Positive Therapeutic Effects of Intercessory Prayer in a Coronary Care Unit Population."

7.   Dale A. Matthews, et al., "Effects of Intercessory Prayer on Patients With Rheumatoid Arthritis" [Efectos de la oración intercesora en pacientes con artritis reumatoide], *Southern Medical Journal* [Revista Médica Sureña] 93 (2003): 1177-1185.

8.   Matthews, et al., "Effects of Intercessory Prayer on Patients With Rheumatoid Arthritis."

9.   William Standish Reed, *Surgery of the Soul: Healing the Whole Person* [Cirugía del alma: sanidad de la persona completa] (Tampa, FL: Christian Medical Foundation Inc., 1987), 53.

10.   H. Helm, et al., "Effects of Private Religious Activity on Mortality of Elderly Disabled and Nondisabled Adults" [Efectos de la actividad religiosa en la mortalidad de los adultos ancianos discapacitados y no discapacitados], *Journal of Gerontology (Medical Sciences)* [Revista de Gerontología (Ciencias Médicas)], 55A (2000): M400-M405.

11.   H. Helm, et al., "Effects of Private Religious Activity on Mortality of Elderly Disabled and Nondisabled Adults" [Efectos de la actividad religiosa en la mortalidad de los adultos ancianos discapacitados y no discapacitados], Journal of Gerontology (Medical Sciences) [Revista de Gerontología (Ciencias Médicas)], 55A (2000): M400-M405.

12.   William S. Harris et al., "A Randomized, Controlled Trial of the Effects of Remote, Intercessory Prayer on Outcomes in Patients Admitted to the Coronary Care Unit" [Prueba aleatoria controlada de efectos de la oración intercesora en resultados de pacientes internados en la Unidad de Terapia Intensiva de Cardiología], *Archives of Internal Medicine* 159 [Archivos de Medicina Interna], no. 19 (1999): 2273-2278, https://doi.org/10.1001/archinte.159.19.2273; "The Forgotten Factor: Faith" [El factor olvidado: fe], St. Joseph's Mercy of Macomb, consultado el 15 de febrero de 2019, https://web.archive.org/web/20030218160513/http://www.stjoe-macomb.com/services/faith.shtml.

13.   Larry Dossey, "Mind/Body Medicine: Prayer As a Healing Force" [Medicina mente/cuerpo: la oración como una fuerza sanadora], julio de 1996, http://www.healthy.net/Health/Article/Prayer_as_a_Healing_Force/743.

14.   Dossey, "Mind/Body Medicine: Prayer As a Healing Force."

15.   Harold G. Koenig, Michael E. McCullough, and David B. Larson, *Handbook of Religion and Health* [Manual de religión y salud] (New York: Oxford University Press, 2001), 254-255.